odos os Segredos do Melhor Time do Mundo

odos os Segredos do Melhor Time do Mundo

Prefácio à
edição brasileira de
René Simões

Sandro Modeo

Copyright© 2014 by Sandro Modeo

Todos os direitos desta edição reservados à Qualitymark Editora Ltda. É proibida a duplicação ou reprodução deste volume, ou parte do mesmo, sob qualquer meio, sem autorização expressa da Editora.

Primeira publicação por Isbn Edizioni, edição traduzida e publicada sob licença da Isbn Edizioni. O autor tem seu direito de ser identificado nesta obra.

1ª Edição: 2012
1ª Reimpressão: 2014

Direção Editorial	Produção Editorial
SAIDUL RAHMAN MAHOMED	EQUIPE QUALITYMARK produção@qualitymark.com.br

Capa	Editoração Eletrônica
EQUIPE QUALITYMARK	ARAÚJO EDITORAÇÃO

CIP-Brasil. Catalogação-na-fonte
Sindicato Nacional dos Editores de Livros, RJ

M693b

Modeo, Sandro

O Barça: todos os segredos do melhor time do mundo / Sandro Modeo ; [tradução de Bruno De Nicola]. – Rio de Janeiro : Qualitymark Editora, 2014.
202p.: 21cm

Tradução de: Il Barça: tutti i segreti della squadra più forte del mondo

Inclui bibliografia

ISBN 978-85-414-0010-7

1. Futebol Clube Barcelona. 2. Clubes de futebol – Espanha. I. Título.

12-2902
CDD: 796.3340946
CDU: 706.332(460)

2014
IMPRESSO NO BRASIL

Qualitymark Editora Ltda.	QualityPhone: 0800-0263311
Rua Teixeira Júnior, 441 – São Cristóvão	www.qualitymark.com.br
20921-405 – Rio de Janeiro – RJ	E-mail: quality@qualitymark.com.br
Tel.: (21) 3295-9800 ou 3094-8400	Fax: (21) 3295-9824

APRESENTAÇÃO

Na noite de 28 de maio de 2011, no estádio de Wembley, o Barcelona ganhou a Liga dos Campeões de Europa derrotando o Manchester United. Sua vitória representa mais que um simples sucesso esportivo, o placar daquela noite marcou o nascimento de uma nova dimensão de futebol. Com aquele jogo, mais do que nunca, o Barcelona mostrou para o mundo o que significa ser *més que un club*. A conquista da copa foi o ápice de uma trajetória começada há muito tempo e baseada naquele fenômeno conhecido como o "futebol total": um enorme universo em evolução que marca seu ponto de partida em Rinus Michels e Johan Cruijff, e passa por pioneiros e transformadores, ortodoxos e heréticos, todos acomunados por uma utópica tendência para um futebol construtivo e ofensivo.

Para entender a fundo as maravilhas desta galáxia, Modeo nos conta das origens históricas e culturais do *totaalvoetbal*. Porém além disso, a abordagem do autor abrange disciplinas que aparentemente não têm muito a ver com o esporte, como a biologia evolucionista ou a física, chegando a propor interessantes analogias como aquela entre o futebol e o comportamento das bactérias ou outra entre a física e o espetacular Barcelona de Guardiola.

Sandro Modeo, ensaísta e jornalista, foca seu trabalho principalmente em ciências e futebol. Escreve para o *Corriere della Sera* (Milão) e para a seção esportiva do *Guardian* (Londres). Já colaborou com as revistas: *La Rivista dei Libri*, *Le Scienze e Darwin*. Em 2010 publicou *L'alieno Mourinho*, sucesso literário lançado em diversos países.

PREFÁCIO À EDIÇÃO BRASILEIRA
de René Simões

Um time campeão é como a ponta de um iceberg, aquelas montanhas de gelo que se movem imponentes pelos oceanos perto das calotas polares. Somente ela, a ponta, é visível. Todos nós podemos observá-la, analisá-la, estabelecer algumas teorias e conclusões, que quase sempre são precipitadas e desprovidas de fundamentos vivenciados.

Nada fica definitivamente estabelecido, tudo fica superficial e a possibilidade de erro ao tentar copiar essas teorias são bem grandes.O que o Sandro Modeo faz nestas páginas é explicar a imensa parte do iceberg que fica abaixo da linha d'água, o que faz todo sentido, em razão do topo do bloco de gelo ser formado de baixo para cima. Não existiria a ponta se não houvesse a base, a origem, a essência e o modelo que estabeleceu a forma de todo o gigante gelado.

Essa analogia nunca foi tão perfeita e pertinente como no caso do Barcelona, pois o modelo de jogo e a grande maioria dos jogadores, como Messi, Xavi, Puyol, Iniesta, Guardiola e companhia, que representam essa ponta, foram formados em La Masia. Podemos considerá-lo como a natureza, que junta a água, o sódio, a temperatura e que forma este grande fenômeno nas calotas polares do futebol.

Nestas páginas você vai ficar sabendo que tudo começa com a chegada do "General" Rinus Michels, um holandês que dirigiu o carrossel da Holanda, a seleção que encantou o mundo em 1974 na Copa da Alemanha e que tinha como maior estrela Johan Cruijff. É exatamente essa filosofia holandesa de futebol total e revolucionária que se torna o modelo de jogo do clube e a mentalidade na fundamentação de La Masia na formação do modelo de jogo e metodologia de captação, desenvolvimento e amadurecimento de cada jogador.

Ficará sabendo ainda que, depois de Cruijff suceder o "General", dois outros treinadores holandeses, Van Gaal e Rijkaard, comandaram o processo até entregarem o bastão para Pep Guardiola, no dia 20 de maio de 1992, no estádio de Wembley, ganhando do Sampdoria da Itália, sob o comando de Cruijff. Na época Pep era meio-campista do time campeão da Liga dos Campeões, feito que seria repetido pelo Barcelona no mesmo estádio no dia 29 de maio de 2011, ganhando do Manchester United, desta vez sob a batuta do próprio Guardiola e estrelado por Messi, Iniesta, Xavi e companheiros.

O Barcelona não é só um time, é mais que um clube, como se diz em catalão: *Això és més que un club*. Ele representa o povo da Catalunha e suas aspirações políticas de independência.Jamais permitiu poluir sua camisa com publicidade. Nunca admitiu que um treinador fosse maior que o clube e que um jogador fosse maior que o modelo de jogo. Essas explicações de Modeo farão com que todos entendam que o que acontece com o Barcelona atual não é obra do acaso, ao juntar um grupo de excelentes jogadores.

O clube e o time são frutos de um plano montado há mais de duas décadas e que até hoje é aprimorado com a criação do departamento de metodologia, em 2012. Estive em La Masia e pude constatar, ao ver os jovens treinando e jogando, que, ao assistir qualquer categoria treinar ou jogar, eu via o Barcelona e não apenas Messi, Puyol, Iniesta, Daniel Alves e os outros. O modelo estava fixado e os conceitos todos firmados na execução do pensamento coletivo. Cada sessão de treinamento tem uma finalidade no contexto geral do modelo de jogo: atacar preparando-se para defender e defender preparando-se para atacar, mantendo a posse de bola o máximo de tempo possível e recuperando-a no menor tempo possível. Essa forma de jogar futebol tem sido tão superior e com tanta beleza em relação aos outros clubes, que pode ser comparada com a eficiência de grandes nomes de outros esportes, como Usain Bolt no atletismo e Roger Federer no tênis. O Barcelona tem a extraordinária capacidade de destruir os adversários sem deixar nenhuma dúvida sobre quem foi o melhor no jogo ou de quem pratica o jogo mais bonito e eficiente.

Vale destacar, embora não esteja no conteúdo deste livro, as palavras de Pep Guardiola ao ganhar o título de campeão do mundo vencendo o Santos por 4-0 em Yokohoma, Japão, em dezembro de 2011: "O futebol que jogamos hoje e temos jogado toda a temporada nada mais é do que eu ouvia meus pais e tios falarem sobre o futebol brasileiro". Ler este livro e não fazer a associação com a nossa maneira de jogar antes e atualmente torna o conteúdo da obra menos interessante do que ele realmente é. Como são as perguntas que nos levaram e nos levarão às grandes soluções, cabe ao leitor perguntar o que aconteceu com nosso futebol e onde, como e por que temos deixado de fazer o que este livro nos narra com tanta propriedade e precisão. Espero que a leitura convença você, caro leitor, assim como estou convencido há bastante tempo, de que este é o caminho. O futebol brasileiro precisa ter a humildade e reconhecer que precisamos retornar e jogar o futebol de antes com a dinâmica dos novos tempos.

Sem sombra de dúvidas, a leitura deste livro abrirá sua mente para as coisas que o Barça já está fazendo há bastante tempo.

Boa leitura. Aperte o cinto e decole a cada página.

PREFÁCIO
de Paolo Condò

Existem lugares em que o talento inovador se concentra inesperadamente e inevitavelmente, como se fosse atraído por um campo magnético e de repente aparece um portal para uma nova dimensão. Depois da Primeira Guerra Mundial, ao se despedir do exército, Ernest Hemingway se persuade com a inutilidade conceitual do seu retorno aos Estados Unidos, porque a modernidade – "as coisas que acontecem", usando as palavras do escritor – está na Europa. Ele resolve parar em Paris, onde começa a frequentar um círculo de jovens e desconhecidos conterrâneos como: Francis Scott Fitzgerald, Ezra Pound, John dos Passos, em breve a "geração perdida" destinada a revolucionar a literatura. Estavam todos juntos em Paris na década de 20: nós demoramos a compreender a inovação e o momento literário, mas eles se reconheceram imediatamente.

Há exemplos infinitos disso, vindos de todos os âmbitos. Se derem uma olhada na lista dos alunos que passaram pelo *Actors Studio* de Lee Strasberg, num pequeno e bonito prédio nova-iorquino, descobrirão que o método Stanislavskij ensinado ali gerou todas as estrelas do cinema americano da década de 60: James Dean, Marlon Brando, Paul Newman, Steve McQueen, Robert De Niro, Al Pacino, Meryl Streep e até Marilyn Monroe. Todos ali, alunos disciplinados da escola da 44ª. A mesma coisa aconteceu na minha cidade de Trieste, desde que o professor Basaglia abriu as portas do asilo ("a liberdade é terapêutica" é o manifesto dele, 1971), o lugar se tornou a Meca da psiquiatria contemporânea e o Hospital de San Giovanni virou a Graceland da higiene mental.

A teoria "aquele lugar" "naquele momento" necessita ser completada pelo aspecto "aquele polo de atração", como a sala de estar da Gertrude Stein para a geração perdida, ou Lee Strasberg e Franco Basaglia para os outros exemplos que sugeri. E assim, Johan Cruijff é o polo de atração que fez com que Barcelona (aquele lugar) por vinte anos (naquele tempo) virasse o centro do futebol. Pep Guardiola gosta de afirmar que Cruijff pintou a capela e os sucessores – como o próprio técnico atual do time – se dedicam à modernização e à reforma. Esta é uma visão que acaba reduzindo o trabalho dos outros técnicos – inclusive do próprio Guardiola – e diminuindo a importância do apóstolo Rinus Michels; porém, sendo que as visões têm a função de voar alto para fotografar uma situação, inevitavelmente resumindo-a, o primado do Cruijff acaba sendo completamente incontestável. Além disso, a coluna do jornal *El Periódico*, escrita pelo grande campeão, exerce um papel fundamental na gestão do time desde a época do presidente Laporta – tão próximo da visão do holandês – ajudando o Barcelona a não se acomodar com o sucesso e a perpetrar a ortodoxia, que com Rosell passa por uns processos inovadores mais distantes do projeto original. Guardiola é um funcionário e assim só pode discordar até um certo ponto. Um exemplo disso foi a questão ligada a Chygrynskiy. Quando Rosell foi eleito presidente ele pediu três vezes para Pep Guardiola que o jogador fosse repassado para o Shakhtar, e nas três vezes o técnico se recusou a vender. Ao receber a quarta solicitação da presidência não teve mais jeito, ele teve de obedecer. Cruijff que não é funcionário do Barcelona e que, inclusive, teve retirado o título de presidente honorário do time pelo próprio Rosell, pode dizer "não" todas as vezes que quiser. A opinião do holandês continuará sempre influenciando muito a opinião pública.

Barcelona é o lugar do futebol, então. Uma boa maneira para constatar a atração de um lugar – ou nesse caso de um clube, sendo que o Espanyol (o outro clube de Barcelona) não goza da mesma situação – é analisar o fluxo dos jornalistas *freelance* rodando em volta do clube. Os *freelas* são diferentes dos jornalistas correspondentes das grandes mídias que têm salário garantido; eles precisam todo dia inventar maneiras de juntar o dinheiro para pagar o almoço e a janta e sabem que vão conseguir fazer isto apenas nos casos em que o assunto que eles estão tratando está bem focado no interesse do público. Pois então, nos últimos anos, o fluxo de jornalistas nas coletivas do time tem sido tão alto que o Barcelona teve de dividir em duas ramificações sua assessoria de imprensa: uma delas cuida de catalães e espanhóis e a outra toma conta dos jornalistas internacionais. Quando Beckham veio para o Real Madrid, inúmeros *freelas* ingleses o seguiram. O público gostava muito de acompanhar a vida particular do jogador e, ainda por cima, os tabloides ingleses (jornais dedicados à fofoca) costumam pagar na hora e bem mais do que os outros jornais. Quando Beckham se mudou para os EUA, muitos *freelas* resolveram não acompanhar o jogador e acabaram mudando para Barcelona: era o verão de 2007, o fim da era Ronaldinho e o começo da era Messi, a última temporada do técnico holandês Frank Rijkaard. A contribuição deste homem, muitas vezes, acaba sendo desconsiderada – como nos conta o próprio Modeo no ensaio que estão prestes a ler – porque as memórias ligadas naquela época estão certamente ligadas às jogadas incríveis de Ronaldinho; mas Rijkaard foi, de fato, o obstetra de Messi e

Iniesta, a pessoa que trouxe os dois para o time principal na hora e na maneira certas; ele foi um semeador tático cujo trabalho segue proporcionando benefícios para Guardiola até hoje. Rijkaard foi o pacificador da sala das coletivas de imprensa, atribulada pela longa guerra de trincheira contra Van Gaal, apelidado negativamente de *o gran queso* (o queijão). Extremamente antipático – do mesmo jeito que Mourinho é cheio de marra com seu discurso da cientificidade – Van Gaal briga com todo mundo separando o clube de todos os jornalistas, até dos mais fiéis, os que nunca aparentaram uma atitude particularmente crítica. Rijkaard, excelente pessoa, além de grande técnico (apesar da falta de pulso firme), cuida dessa ferida com um jeito muito agradável de se relacionar e obviamente faz com que haja sintonia entre os resultados positivos do time e as opiniões da imprensa. Quando ele perdeu o controle sobre a equipe e foi demitido por Laporta, os jornalistas resolveram dar uma camisa de presente para ele. A escrita na camisa dizia: *You'll never smoke alone*, paródia do lema de Anfield e interpretação carinhosa e ao mesmo tempo sacana do olhar perdido com que Frank costumava se apresentar nas coletivas. Sempre fiquei com a dúvida: Uma digestão ruim, ou ele acabou de fumar um beque?

O episódio descreve muito bem o clima que caracterizou a contratação de Pep Guardiola, no verão de 2008. Uma porção de jornalistas e diretores do time, durante a primavera do mesmo ano, insistiu muito para que fosse contratado Mourinho, entrando em conflito com Laporta e principalmente com o veto de Cruijff: a contratação de Guardiola, que até então havia desenvolvido um trabalho excelente com o time juvenil e que principalmente foi o pivô do antigo *Dream Team*, representou uma escolha completamente oposta. Hoje em dia, a batalha feroz conduzida por alguns jornalistas do *Mundo Deportivo* (bem conectados com alguns elementos da diretoria do time catalão) em prol de

Mourinho já assumiu os tons de um conto grotesco: depois de tantos conflitos barbáricos com o Real Madrid dos últimos anos, em Barcelona ninguém é mais odiado e desprezado do que o técnico português. Na época as razões pelas quais muitos queriam contratar Mourinho, apesar da grande rivalidade com o Chelsea – mera antecipação das rixas vivenciadas no futuro entre a Inter de Milão e o Real Madrid – podiam ser reconduzidas à desconfiança espalhada nos ambientes do clube, em relação ao relançamento do mesmo sistema de jogo de sempre. Esta atitude, revista hoje em dia, também assume os tons de algo grotesco: no Barcelona da época estava nascendo uma estrela sem precedentes, como Messi, e outras grandes revelações como Iniesta, Xavi e Puyol. Jogadores excelsos acostumados a se destacar naquele mesmo sistema, porém existia um medo generalizado de que a postura de sempre não pudesse mais funcionar (em muitas entrevistas Xavi fala do fato de que os catalães em geral são pessoas muito pessimistas). Guardiola vira técnico, antes do time B do Barça, e em seguida do time principal, depois de um longo tempo de reflexão sobre sua carreira, que passa até por um período infelizmente sem marcas visíveis, na atividade de jornalismo: Pep recebeu um convite de Zapatero (os dois se entendiam muito bem) para acompanhar o político durante algumas viagens de trabalho, com o intento de produzir um documentário baseado num olhar técnico inusitado – o do futebol – sobre os bastidores da vida de um chefe de governo. O vídeo acabou não sendo criado, mas o episódio ajuda a descrever o leque de possibilidades profissionais que estava na mão de Guardiola, após a aposentadoria como jogador: antes de se tornar técnico, a escolha mais popular entre os ex-futebolistas, ele passa um bom tempo meditando sobre esta opção. O sucesso extraordinário dos últimos anos está enraizado numa filosofia de base e numas escolhas de Pep tomadas desde o primeiro verão na direção do time, em 2008, confirmando o fato de que o impulso propulsor do começo de sua atividade precisava ser acompanhado sem vacilos ou dúvidas. A raiz filosófica, que reconheci também no futebol de Arrigo Sacchi, é o conceito de obra aberta ou de revolução permanente, citando o que Lenin escreveu em *Estado e Revolução*: Guardiola muda constantemente sua tática de jogo, baseando-se no fato de que não existe um estado de graça, as coisas estão sempre em regressão. A mais comentada das revoluções foi o deslocamento de Messi da lateral para o meio do campo, fato que aconteceu ao longo da segunda temporada; pensando na nova temporada, estou com curiosidade para ver se o Busquets vai ficar definitivamente colocado mais para trás, alinhado com Puyol e Piquet, como aconteceu algumas vezes. Era como se Guardiola estivesse preparando o time para jogar com Fabregas titular no meio de campo: este rapaz não pode ser considerado apenas um substituto de Xavi. Atrás destas grandes e pequenas mudanças há um homem que tem a rara qualidade de saber colocar sua própria estratégia sempre em discussão, às vezes de maneira muito severa, cobrando de si mesmo algo mais.

As decisões tomadas naquele primeiro verão foram basicamente quatro, as duas primeiras têm a ver com Lionel Messi.

1) Um *ultimatum* para a diretoria do clube: ou vocês vendem Ronaldinho, Deco e Eto'o ou eu não aceito o cargo. Complicado para um técnico já reconhecido, um *ultimatum* desses vindo de um profissional que acabou de começar sua carreira de treinador demarca realmente uma certa loucura e uma autoestima forte. Guardiola, que conhecia muito bem os bastidores da equipe, como se não tivesse ainda parado de jogar nele, sabia que com a demissão de Deco (jogador acabado que no ano seguinte no Chelsea comprovara a

necessidade de pendurar as chuteiras), Xavi e Iniesta podiam finalmente brilhar no meio de campo, livrando-se da influência do português esgotado. E, assim, Pep quis livrar também Messi da sombra de Ronaldinho, ao mesmo tempo desconfortável e confortável para o argentino. Infelizmente, antecipando os tempos fisiológicos, o craque brasileiro começou sua queda naquela época: no campo já não rendia mais – apesar disso Messi continuava deixando na mão dele as principais responsabilidades – fora de campo não vivia como um atleta, evidenciando atitudes de pagodeiro. Para que Messi assuma a liderança do time (e não acabe se jogando no pagode do outro) é inevitavelmente necessário se livrar de Ronaldinho, e o Milan – que procura um grande nome para poder vender Kaká sem deixar os torcedores revoltados – representa o parceiro perfeito para concluir a transferência. Eto'o, que resiste um ano antes de protagonizar a troca pelo Ibrahimovic, não foi mandado embora por questões técnicas. A incontinência verbal do atacante de Camarões ficou desconfortável para Guardiola, que sente que determinadas reclamações competem apenas ao técnico e não aos jogadores e, então, adeus Samuel.

2) O fato de deixar Messi participar das Olimpíadas. A discussão entre os clubes de futebol e o Comitê Olímpico Internacional sobre os três jogadores acima da idade permitida chega ao ápice nos últimos dias que antecedem a abertura dos Jogos de 2008 em Pequim. A disputa pega fogo quando o Barcelona, com Messi, e o Shalke'04, com Rafinha, são apoiados por um veredicto do TAS que libera os jogadores dos compromissos com as respectivas seleções olímpicas. Guardiola sabe que os Jogos são muito importantes

para a imagem de Messi na Argentina; assim, por meio de uma ligação telefônica quase paterna, o técnico resolve conceder ao jogador a possibilidade de ficar na China, opondo-se oficialmente à decisão (sancionada pela justiça esportiva) do clube. Uma medida de sucesso: Messi ganha a medalha de ouro e a primeira pessoa a quem agradece publicamente é justamente o técnico que se demonstrou muito sensível. Na época, Messi ainda não tinha passado por uma sessão de treino com Guardiola, mas uma boa sintonia já caracterizava a relação entre os dois. Deste momento em diante a simbiose entre eles passa a ser absoluta, com Leo que nunca trai Pep nas horas de maior necessidade e Pep, que até se dispôs a mandar embora Ibrahimovic (com o Milan pronto para o golpe de rebote neste caso também) para não atrapalhar o desenvolvimento técnico e tático do pimpolho querido.

3) A compra de Piqué, peça em si importantíssima e ativadora da futura volta para casa do volante Fábregas. La Masia, lugar em que foram criados Pedro e Busquets, não representa a única fonte de novos jogadores para Guardiola. Alguns craques do mirim do Barça, mais estimulados culturalmente do que os companheiros, foram jogar aos 16 anos na Inglaterra, atraídos pela possibilidade de uma vivência no exterior. É o caso de Piqué e de Fabregas, filhos da alta burguesia catalã, grandes amigos, pessoas que treinaram muito desde pequenos e que mesmo assim concluíram seus estudos. Pep os quer de volta, justamente porque dois campeões inteligentes, formados no molde tático do Barcelona, são joias raríssimas. Entre as regras de Guardiola há uma que ajuda a entender a atitude do técnico em relação às novas contratações: "Se a gente for procurar uma estrela no

mercado, quero que seja um craque tão craque cuja superioridade compense o tempo que perderia para colocá-lo dentro dos esquemas táticos do time; se o objetivo for apenas um bom jogador, prefiro que venha da Masia, assim não preciso me dedicar a ensinar novamente a tática do Barcelona".

4) A contratação para a equipe técnica de Manuel Estiarte. Amigo sincero de Guardiola desde sempre, ele é o maior jogador de polo aquático de todos os tempos (junto com o italiano Eraldo Pizzo), um senhor alegre que em 2008, com 47 anos de idade, morava em Pescara (Itália) com sua família. Apesar de ele ser catalão, Estiarte tinha se esforçado muito para ajudar a cidade de Madrid na candidatura para ser sede dos Jogos Olímpicos de 2016, e agora encontrava-se em busca de uma nova aventura. Guardiola coloca o amigo no organograma do Barça com uma função muito flexível: ele pode dar suporte no vestiário porque os jogadores reconhecem o grande carisma dele – seis Olimpíadas, uma ganha. Tamanhas personalidade e vivência fazem com que ninguém pense no peso da amizade com Pep, nem os jogadores, nem os diretores e nem a mídia. Estiarte em pouco tempo assume o papel de câmara de compensação para qualquer conflito, livrando Guardiola de todo estresse adicional.

Estes são apenas alguns dos pequenos segredos de navegação do melhor time de todos os tempos, observados desde os camarotes da cobertura do Camp Nou: tive o enorme privilégio de acompanhar a epopeia do Barça de Guardiola por conta do jornal italiano *La Gazzetta dello Sport*. Sim, o melhor time de todos os tempos. Concordo sem dúvida alguma com a hierarquia que Sandro Modeo vai mostrar para vocês nas próximas páginas deste livro. Uma obra que representa a nova fronteira dos ensaios sobre futebol: a análise lógica e gramatical do Barcelona num compêndio sobre futebol total, repleto de memórias comoventes (o Spartak Trnava!) que conferem ordem para elementos que, nestes últimos anos, foram descritos para os apaixonados em busca de estética de maneira muito confusa. Vocês vão ver como a visão de Modeo sobre o Barcelona e seus precursores é entusiasmante mas nada simples. Ao ler esta obra, página após página me sentia cada vez mais como o astronauta de *2001: Uma Odisseia no Espaço*, que em sua ação de exploração encontra primeiramente coisas já conhecidas do cotidiano, depois passa por vivências até então conhecidas apenas por meio de estudos teóricos e finalmente chega num estágio fantasmagórico de luzes e reflexos perceptíveis apenas por sentidos que vão além dos 5 convencionais. A mecânica quântica usada para explicar a maneira de jogar do Barcelona é uma metáfora extremamente fascinante até mesmo pela sua complexidade. De fato, não há nada de simples numa tática que envolve Maxwell e exclui Ibrahimovic, que prefere os garotos do mirim aos jogadores já formados, que deixa seus pimpolhos irem para a Inglaterra mas que na hora certa, por meio de uma imaginária corda elástica de *bungee jumping*, os traz de volta para a Catalunha.

Antes falamos dos ingleses que ficaram em Barcelona depois da saída de Rijkaard, mas na verdade, quatro anos depois, a ONU midiática multiplicou-se de maneira incrível. Voltaram os japoneses, cuja presença havia baixado muito depois da Copa do Mundo de 2002; alguns franceses e alguns alemães cobrem as notícias do Barça para seus respectivos países e há uma garotada italiana sempre presente nas mesas de imprensa no ventre do estádio. Os brasileiros sumiram depois da saída de Ronaldinho, mas voltaram como acontece de vez em quando com a Inés, jornalista mexicana considerada a top mundial (num sentido não puramente profissional); até os árabes se tornaram fregueses do Camp Nou e assim a presença dos russos aumenta cada vez mais. Nas longas esperas para as coletivas de Guardiola – ele não concede entrevistas individuais porém fala com todo mundo pelo menos duas vezes por semana – a alegria caracteriza o clima numa atmosfera parecida com uma cena do filme *Guerra nas Estrelas*. Lembram do momento do bar onde há uma grande variedade de raças bebendo cerveja ou o que for? Depois, quando entra Pep, o silêncio toma conta da sala e uma turma de jornalistas felizes forma uma fila organizadíssima para fazer uma pergunta. Felizes, claro: o futebol de qualidade – e este é de altíssima qualidade – torna a vida melhor.

SUMÁRIO

Homenagem à Catalunha 3

O vento que vem do futuro 11

Leste do Sol, Oeste da Lua 39

Numa rede de linhas intersetadas 67

Quantum 95

Todas as manhãs do mundo 125

The Twilight Zone 133

Posfácio 155

Mapa do "Futebol Total" 165

Bibliografia Elaborada 171

O Barça

HOMENAGEM À CATALUNHA

Na noite de 28 de maio de 2011 – estádio de Wembley – nossos sentidos e todo nosso aparato perceptivo tiveram de encarar um grande desafio. O Barça derrotou o Manchester United por 3 a 1 na final da Liga dos Campeões da Europa. Todos os elementos, ou quase, pareciam fazer sentido do ponto de vista técnico-tático e psicológico: um time derrotou o outro porque foi "superior em tudo": posse de bola, recuperação, precisão, posicionamento, lucidez agonística.

Na verdade, muitos tiveram a sensação definitiva – préanunciada em muitos outros jogos dos últimos três anos da gestão de Josep Guardiola – de que, como disse o William Gibson no *Neuromante*, algo "tivesse mudado de lugar no coração das coisas". Fora alguns momentos extemporâneos – uma pressão feroz no começo, um gol até questionável – o Manchester foi desarmado e inibido, como se fosse um time de uma categoria inferior. "Això és més que un club", diz o adágio catalão: "este é mais do que um clube". Bom, aquele foi "mais do que um jogo", foi um evento estético e cognitivo, e o Barça, naquela noite, foi "mais do que um time": representou a chegada numa *dimensão* particular, uma daquelas que a matemática ou a física gostam de definir como "adjuntivas", ou seja, escondidas na porção de universo na qual habitamos. Dimensões que os nossos sentidos não conseguem detectar porque estão além das 4 dimensões espaço-temporais da nossa vivência quotidiana: mas que o Barça, com sua maneira de jogar, conseguiu tornar perceptíveis.

É uma cena parecida com aquelas que caracterizam algumas ficções de Philip Dick, em que a "realidade" parece parcialmente descosturar para chegar num estágio (estado) ulterior, às vezes através de uma rixa (um "toque" de estraneidade), às vezes através de uma fenda, às vezes através da irrupção improvisa de uma paisagem inteira. Só que nos livros do Dick – como, por exemplo, em *Crônicas Marcianas*, em *Os Três Estigmas de Palmer Eldritch* ou em *Ubik* – o desfecho das *matrioskas* (bonecas russas encaixadas uma na outra) coincide com a chegada na angústia e na fragmentação do Ego; no caso do Barcelona, pelo contrário, experimenta-se uma sensação de estupor eufórico e uma consequente "suspensão do cinismo", como acontece com a criançada que acredita nos poderes de alguns super-heróis.

Nos últimos anos, o esporte passou por mágicas parecidas com esta em apenas duas situações.

A primeira tem a ver com o Usain Bolt. Na noite de 16 de agosto de 2008 – Olimpíadas de Pequim, final dos 100 metros rasos – a corrida do jamaicano, que marca um novo recorde mundial, representou mesmo a irrupção de uma nova dimensão, de um outro nível da realidade. Os outros atletas continuam (con)correndo no sistema de sempre, Bolt parece uma entidade alheia, uma imagem transmitida por outras frequências: como Flash, parece *deslocar-se* de uma região espaço-temporal para outra. Outro caso parecido é Roger Federer, o tenista que consegue juntar a técnica clássica e elegante com a força do tênis contemporâneo, dando uns golpes que desafiam a lógica geométrica do esporte. David Foster Wallace homenageia o tenista chamando estes golpes de "momentos Federer", cenas parecidas com as do filme *Matrix*, em que o tenista sai de situações impossíveis com uma elegância impensável nos jogos de tênis atuais (vejam, por exemplo, os golpes no meio das pernas com as costas viradas para a rede).

Como Bolt, como Federer, o Barça exaspera o adversário. Diante deste enxame – deste rebanho de pássaros – times poderosos, ou mesmo poderosíssimos, acabam ficando desorientados, gaguejantes, presos na rede hipnótica da posse de bola exemplar por precisão e "leveza" (na conotação que o Italo Calvino confere a este termo no livro *Lições Americanas*). Os adversários do Barça não conseguem entender por que as tentativas de ataque acabam desmoronando diante da oposição organizada de um grupo supostamente frágil, com a estrutura média abaixo dos outros times do mesmo nível. Eles experimentam um estupor parecido com aquele do grande físico Ernest Rutherford que lidando com as "poderosas" partículas alfa desviadas por uma finíssima lâmina de ouro afirma: "é como se a artilharia de uma fragata fosse neutralizada por um lenço de papel". E justamente, em consideração dos estados e das dinâmicas da matéria, o Barça parece, nos momentos melhores, uma equipe "quântica" em comparação com os times baseados em leis da física "clássica", como a gravidade. Mas esta dimensão espacial depende também da dimensão específica, histórica e antropológica de Barcelona e da Catalunha, que também representam mais do que uma cidade e mais do que uma região.

Ao ler muitos observadores descreverem o Barça como uma expressão de "arte e ciência" – devido à fusão harmonizada de exaltação técnica e organização tática, de talento e disciplina – não há como não pensar nas *características* mais antigas da região: coincidindo com a parte aquitana-cantábrica da Espanha, a área da futura Catalunha é teatro, entre 18 e 10.000 anos atrás, de invenções tecnológicas (facas, buris e arcos) e de emocionantes obras-primas de pinturas rupestres. Menos conhecido do que Lascaux ou Altamira, o sítio arqueológico de El Cogul – com cenas de caça e quarenta e dois perfis de seres humanos e animais – parece o antefeito ideal para artistas-cientistas como Antoni Gaudí, Dalí e Miró.

E quando os discursos reforçam a forte matriz identitária do time – a questão dos campeões formados na *cantera* – na verdade o que acaba sendo consolidado é o orgulho e a reivindicação de autonomia de toda a enclave catalã. Um orgulho e um autonomismo que de toda forma não coincidem com autarquia e isolamento. Aliás, muito pelo contrário.

Por um lado, não há dúvida sobre o fato de que o "povo indômito e selvagem" da região resista desde sempre a todas as tentativas de colonização ou anexação: antes com a *Hispânia romana*, depois com a cristã; mais tarde ainda veio a expansão islâmica e finalmente chegou a inclusão no odiado Império central castelhano. Pelo outro lado, a dizer a verdade – diferentemente dos pastores asturianos ou dos bascos – os catalães permaneceram sempre abertos a selecionadas *mestizações* culturais, como acontece com a membrana semipermeável das células, predisposta para trocas bioquímicas vitais. Assim, o que vem de fora é adaptado ao tecido social catalão, como aconteceu com o direito romano, transformado no peculiar "código" local e com o idioma latim que acabou sendo influenciado pela sintaxe e o léxico catalão; e há ainda os exemplos das práticas agrícolas dos Francos de Carlos Magno, da ordem feudal e do conhecimento monástico ou da influência da cultura Linguedociana e Provença – reforçada pela proximidade linguística – o vento da poesia e da música dos trovadores.

De fato, esta forte coerência entre autonomia irredutível e abertura seletiva é uma do fatores-chave da originalidade e da precoce modernidade catalã. Uma modernidade expressada principalmente com uma liderança tecnológica e industrial dentro do país, alcançada em sequências sucessivas: Barcelona foi a primeira cidade em que apareceram as máquinas a vapor (1833); foi a estação (Matarò) de saída da primeira linha ferroviária do país (1848); e foi a sede da Exposição Universal de 1888, motor do "impressionante desenvolvimento da área fora dos muros da cidade medieval". É uma modernidade que também transparece em lutas e conquistas sociais: o povo catalão foi o primeiro a proclamar o direito de entrar em greve (1855) e a acolher a onda anarco-insurrecionalista (que também vinha da França), que acabou inspirando os violentos protestos de rua depois da Primeira Guerra Mundial. Infelizmente esta mistura ambígua das franjas rebeldes – que junta sindicalistas com terroristas, socialistas com assassinos comuns – afetara o momento decisivo da guerra civil: como conta George Orwell na reportagem obra-prima (*Homenagem à Catalunha*), os republicanos e os anarquistas pagaram um preço alto por causa da cegueira dos filossoviéticos. Graças a esta mesma desunião, o Caudillo ganhara a batalha do Ebro, submetendo Madrid e Barcelona.

A vanguarda cultural e futebolística do Barça, de acordo com esta perspectiva, é um resultado da vanguarda catalã. O clube *blaugrana* tem muito orgulho do mirim autóctone (la cantera) e, ao mesmo tempo, uma forte consciência de que a abertura seletiva representou desde sempre um ponto de força importantíssimo para o time: o transplante de futebol holandês que aconteceu no começo da década de 70 com a chegada do "General" Rinus Michels e do jogador "total" Johan Cruijff. O resultado – um dos melhores OGM de todos os tempos – é uma equipe que virou "més que un club" e não apenas na Catalunha ou na Espanha, mas no mundo inteiro. O Barça representa, hoje em dia, uma das marcas transnacionais mais sedutoras, com a maior torcida de todas (50 milhões, contra os 46 milhões do Real Madrid e os 33 milhões do Manchester United). Um dado importantíssimo entre todos é que a cada jogo em casa o Barcelona tem uma presença em média de 9.000 "turistas", alemães, russos, japoneses, procedentes de todos os lugares do mundo. Pessoas que focam a viagem num final de semana na Catalunha para visitar o Camp Nou, além da Sagrada Família ou o Museu de Picasso.

Mas de onde vem esta capacidade de seduzir? De muitos elementos convergentes: a estrutura "democrática" do clube com seus 170.000 sócios acionistas; a responsabilidade social, expressada pela escrita da UNICEF na camisa (apesar do fato de que este ano a logomarca vai ficar reduzida, cedendo o lugar principal para a Qatar Foundation); as próprias cores azul e arroxeada, que parecem vir direto de uma obra de Gaudí.

De qualquer forma, o principal fator de sucesso é a maneira de jogar, que antepõe sempre a estética ao resultado. Esta perfeita assimilação do "futebol total" holandês trouxe para o jogo ibérico (muitas vezes sem sentido, compulsivo e masturbatório) o rigor, a perspectiva e a objetividade que estavam faltando. Há um momento fortemente simbólico que indica a hora em que o transplante se torna absolutamente completo. Foi também numa noite no estádio de Wembley, em 20 de maio de 1992, a final da primeira Copa dos Campeões ganha pelos *blaugrana* à custa da Sampdoria. Naquela ocasião, o *dreamteam* (com Johan Cruijff no banco) vestiu uma camisa *orange*, e o gol da vitória – na prorrogação, quase chegando aos pênaltis – foi de falta, com um chute violento e milimétrico de Ronald Koeman, um holandês puro-sangue. Paradoxalmente, aquele time que levou a Copa ainda estava longe da sintonia incrível dos "antenascidos" do Ajax. O Barça chegará na assimilação completa devagar, mediante aproximações pacientes e moleculares, passando através de outros técnicos holandeses como Van Gaal e Rijkaard. E o momento em que realmente alcança o *status* de perfeição está justamente ligado à transformação de um dos campeões, protagonista daquela noite de 1992. Josep Guardiola de jovem prodígio do meio campo se torna um técnico competente, dono de um conhecimento estratificado e dissimulado. É com ele que o Barcelona consegue dar o "pulo quântico", alcançando uma caracterização inconfundível. A pessoa de Guardiola representa a ponte de conexão entre uma e outra noite em Wembley.

Graças, principalmente, à qualidade de jogo – com a visão de que o tudo tem algo mais do que a soma das partes – um grupo de jogadores habilidosos se tornou uma equipe de campeões conclamados. Se formos observar cada um deles, os atletas do Barça são ótimos jogadores mas quase todos são basicamente incompletos, particularmente do ponto de vista caracterial: ou são muito exuberantes ou muito anônimos, ou exageradamente egóticos ou excessivamente tímidos. O que faz com que tudo dê certo é justamente o sistema do Barça – atento com a questão da complementaridade de atitudes – que completa e exalta seus atletas: aumentar o amálgama do time significa aumentar a "visibilidade" do talento individual. De fato, o sistema do clube é altamente inclusivo e educativo, proporcione o crescimento de muitos catalães (Victor Valdés, Puyol, Piqué, Xavi, Busquets) mas também de castelhanos da Mancia como Iniesta e das ilhas como Pedro (Tenerife) e soube integrar asturianos como David Villa, brasileiros apimentados como Dani Alves e malianos como o Seydou Keita. Até a pulga Leo Messi, longe do Barça, em muitos jogos acaba parecendo um minúsculo super-herói sem poderes, a Formiga Atômica sem superantenas. Porém, dependendo da situação, o sistema do Barcelona pode ser extremamente exclusivo, como bem sabe "o incompatível" Zlatan Ibrahimovic.

Graças à qualidade do jogo, hoje em dia ver esses garotos jogarem faz com que uma geração inteira sinta o mesmo entusiasmo contagiante e liberatório que, nas décadas de 60 e 70, era causado pelo Ajax e pela seleção holandesa de Krol e Suurbier, Rep e Hulshoff, Neeskens e Cruijff.

Porém, com uma diferença substancial. O Ajax e a seleção holandesa desenvolveram suas utopias futebolísticas em sintonia com a história: aquele futebol corria na mesma direção do sonho do movimento hippie (a melhor parte dele) e dos "socialistas", em que as pessoas ainda acreditavam que fosse possível ter mais do que um único modelo de desenvolvimento. O Barça do Guardiola conseguiu seguir e melhorar aquele mesmo modelo na era do desencanto, em que as saudáveis ilusões – inclusive aquelas da revolução de 68 – foram trocadas pela ausência completa de qualquer tensão construtiva: junto com as ideologias queimaram os ideais, sumiram as utopias junto com os desejos de justiça.

Talvez seja mesmo esta a razão da profunda sedução do esquema de jogo *blaugrana*: continuar a acreditar na utopia, manter o olhar aberto para outra dimensão sem esperar que chegue a substituir a nossa.

Afinal de contas, o próprio Orwell – antes de todos – procurou equilíbrio na mesma direção: entre um realismo que não coincidisse com o fatalismo e uma luz que iluminasse sem incendiar. "A homenagem à Catalunha", hoje em dia, através do Barcelona, também representa uma pequena homenagem da Catalunha ao escritor.

O VENTO QUE VEM DO FUTURO
O *totaalvoetbal*
de Buckingham Palace até a Masia

> "O ataque continua sendo a melhor forma de defesa."
> Jack Reynolds

A marca profunda de toda revolução e geralmente de todas as descobertas científicas é a contraintuitividade, ou seja, o fato de proceder contra as evidências do senso comum.

A física e a astronomia, por exemplo, distorcem com frequência o asseto cósmico que reconhecemos, ou a fixidade dos objetos que contemplamos: na Idade Média, quando o conceito de força de gravidade era desconhecido, ninguém queria aceitar a ideia de que a Terra fosse redonda pois seus habitantes (e os oceanos) teriam caído no vazio subastante; e assim hoje em dia temos dificuldades em acreditar que as estrelas e as galáxias que enxergamos, graças aos modernos telescópios (como Hubble), são, na verdade, a projeção de uma posição mantida milhões ou bilhões de anos atrás, efeito do tempo que a luz demorou para chegar até nós: se a gente quisesse ver as galáxias na posição atual, deveríamos viajar para o futuro.

As neurociências também acabam frequentemente desconstruindo muitas das certezas instintivas do nosso asseto mental: aquele vozerio de fundo elusivo, constante e inconfundível, que a gente chama de *Self* ou de consciência, na verdade é composto por inúmeras microcenas, de duração entre ¼ de segundo e 20 segundos – tempo médio de 2-3 segundos – unificadas pelas imperceptíveis e rapidíssimas microcosturas entre áreas cerebrais. E, assim, a convicção de que a aprendizagem coincida com a aquisição e o armazenamento de dados também está errada, pois na verdade aprender tem muito a ver com eliminação ou exclusão, especialmente nos primeiros anos de vida: a aquisição de linguagem, nos primeiros meses, acontece através da restrição progressiva da relação sentido-som baseada na entonação e no ritmo da fala dos pais (principalmente da mãe). E não através de uma absorção direta e imediata como costumamos acreditar.

A explicação de sua "natureza inatural" veio justamente da própria ciência – especialmente da biologia evolucionista: fomos plasmados por milhões de anos de evolução, nossos esquemas afetivos e cognitivos representam ferramentas de adaptação, cheias de estimativas, ilusões, até de (auto)enganos e mentiras.

O "futebol total" – visto como filosofia, como um conjunto de inovações conceituais antes que técnicas ou táticas – começa justamente por um núcleo contraintuitivo. Isto aparece evidente num dos livros mais densos sobre o assunto do futebol, *Teambuilding* do "General" Rinus Michels, técnico da "grande Holanda". Michels é considerado por unanimidade – tanto dos históricos ortodoxos, quanto dos heréticos – o pivô teórico e prático da ideia de "futebol total" (em holandês, *totaalvoetbal*). O livro dele é ao mesmo tempo uma autobiografia (repleta de anedotas e observações sobre técnicos, jogadores e dirigentes do período que vai da década de 60 até o começo do novo milênio) e um rigoroso ensaio teórico-prático (com páginas exercitativas), mas é principalmente um concentrado de princípios de jogo, tão inovadores que cabem em qualquer estilo de jogo atual.

Um princípio de base, por exemplo – inclusive assimilado por muitos técnicos – é olhar para o time como se fosse uma orquestra. Citando o vídeo didático favorito com os "ensaios" de Leonard Bernstein, Michels descreve a sequência em que o regente, depois de ter deixado solar um virtuoso do violino por um bom tempo, suspende a execução e gela o músico dizendo: "Sozinho você é muito bom, mas para tocar bem numa orquestra tem ainda muito caminho pela frente". O time orquestra – o objetivo de produzir um jogo que "flui sem esforço algum" – é primeiramente uma questão de amálgama: seguindo com a metáfora musical, um time de "futebol total" procura uma orquestração polifônica mais do que homofônica, focada na harmonia e no contraponto mais do que na melodia: o solo (a jogada individual) ganha sentido somente se acontecer dentro do conjunto. A propósito disto, Michel traz alguns exemplos negativos de talentos não integrados: Romário no PSV (que viria a jogar melhor no Barça de Cruijff) ou Georghe Hagi, e conclui que as jogadas individuais incríveis podem ser aceitas somente se elas garantirem com certeza a chegada ao gol: veja o Ronaldo dos primeiros anos de carreira na Europa. Este é o aspecto principal da contraintuitividade, não apenas respeito das táticas informais de boteco ou dos comentaristas de TV local, mas também respeito da crença de muitos técnicos profissionais.

Para alcançar um bom amálgama, é essencial praticar um "estilo de jogo" baseado na cooperação e no pensamento coletivo: um estilo cuja cadência – com foco no tempo e no espaço – sirva para orientar o time a *prescindir* do adversário, domesticando a complexidade e a imprevisibilidade de todo jogo. Analisando os detalhes dos principais módulos dos últimos cinquenta anos (o 4-2-4 do Zagalo na década de 70, o contra-ataque do Herrera, o 4-4-2 do Ramsey em 1966, o 5-3-2 de Beckenbauer em 1990, o 3-4-3 de Cruijff antes e de

Van Gaal depois), Michels defende a tese de que seu próprio estilo de jogo é uma fusão de *"total football"* e *"pressure football"* – pressão na metade de campo adversária – que tende ao indefinido, quase abolindo as distinções entre as fases de jogo e as (tri)partições do campo. A "estrutura" do time – termo que ele menciona muito – precisa metabolizar conceitos e movimentos que permitem *antecipar* as situações e *acelerar* as decisões: aliás, de acordo com este ponto de vista, antecipar as situações é a melhor maneira para acelerar as decisões. A consequência principal disso – outro aspecto contraintuitivo – é que as fases defensivas e construtiva-ofensivas não podem ser separadas: defender com onze jogadores significa predispor uma formação construtiva-ofensiva no momento seguinte e construir-atacar com dez jogadores (claro, seguindo um critério) significa predispor o time para a inibição do contra-ataque adversário. O estágio final desta teoria – levado até o extremo pelo Barcelona de Guardiola – é o relacionamento equivalente entre posse de bola (circulação) e reconquista imediata.

A síntese desta concepção – mais uma vez, em contracorrente com as crenças mais comuns que veem o "futebol total" como um modelo baseado em riscos inúteis e masoquistas – é o conceito de "equilíbrio". De acordo com Michels uma equipe precisa ter sempre quatro jogadores estruturando a "zaga fechada", ou seja, uma defesa que mesmo não sendo passiva – com os laterais livres para avançar e os centrais predispostos para a construção de jogo – esteja sempre atenta a ocupar o espaço, usando o recurso do impedimento de uma forma que ninguém nunca chegou a teorizar nos demais modelos parecidos. No que diz respeito ao ataque em si – separado das demais fases de jogo apenas para facilitar a descrição – o princípio-guia é a recusa de uma profundidade "cega e compulsiva" (as bolas longas para a frente), que, pelo contrário, precisa ser motivada e coerente com aquela construção de jogo que leva o time ao ataque.

Os valores de Michels a respeito de treinamento, gestão e moderação do ambiente são ainda mais surpreendentes. O jeito dele de treinar e formar um jogador considera, por exemplo, a inseparabilidade dos diversos componentes (técnico, tático, atlético, cognitivo) e a insistência sobre o fato de que cada sessão de treino precisa ser encarada como a "simulação" de uma partida (do ponto de vista da intensidade, da agonística e de uma série de outras situações). Coisas que reencontraremos – atualizadas e integradas – na concepção de Mourinho, justamente baseada no jogador como "unidade funcional". O objetivo primário de Michels – como para Mourinho e muitos outros técnicos – é tornar familiar o "desconhecido", ou seja, o "inesperado": é importante lembrar o anedota do jogo duplo contra a URSS de Lobanovskij (técnico muito estimado) no Europeu de 1988, perdeu o primeiro, porém ganhou o segundo (na final), justamente por causa da introjeção dos movimentos e dos esquemas dos adversários.

Do ponto de vista da psicologia, Michels consegue condensar em si todas as constituintes de um *coach* de alto nível: harmonia ambiental, senso de hierarquia (ou seja, não há espaço para confidências e camaradagens), clareza de objetivos e exploração coesiva do "inimigo em comum" fora do time (além da imprensa, diretores e membros da federação). Especificamente – mais uma vez aparentando uma lucidez pioneira – resolveu algumas questões bem controversas: como a necessidade *a priori* de uma sintonia entre o técnico e a cultura de um clube (causa, por exemplo, do fracasso de Ivic no Ajax) ou a importância do "momento" de um sodalício (feliz dessa vez com o Ajax de Kovacs); outro aspecto importante – provado por Michels antes de qualquer outro – foi o fim do mito de que apenas os grandes ex-jogadores podiam se tornar grandes técnicos.

Isto tudo pode ser resumido por duas diretrizes de gestão. A primeira – específica – sobre como aproveitar as horas mortas na concentração, aqueles momentos em que "as horas parecem dias": momentos que, de acordo com Michels, além de servirem para provocar ansiedade antecipatória do grupo, proporcionam a possibilidade de estudar – quase como etólogos – pensamentos e comportamentos. Estas horas podem ser aproveitadas, de repente, levando os jogadores para passear e falando individualmente com eles, ou, melhor ainda, escutando as conversas entre eles. A segunda diretriz – o verdadeiro *ritornello* da obra – é o compêndio de psicologia do técnico: "construir um time" quer dizer compor e harmonizar os "pequenos reinados" particularísticos (cada jogador representa um reinado) debaixo de uma única soberania: e esta é mesmo a parte mais complexa.

Um contramanual tão genial e inovador seria considerado uma fria abstração se não fosse – como é – a transcrição *a posteriori* (um balanço, quase um testamento) de uma revolução que aconteceu de verdade, de um fragmento de utopia trazido para a realidade.

Temos muitos momentos em que é possível ver (escutar) ao vivo a orquestração criada e desejada por Michels, em diversas gradações de intensidade: desde o Ajax do tetracampeonato, das três copas nacionais e da primeira Copa dos Campeões em 71 (as outras foram ganhas com o Kovacs no banco), até a inteligência arrasadora da Holanda campeã do Europeu de 1988. Porém, não há dúvida de que o ápice da expressão do futebol de Michels foi na Copa do Mundo de 1974 na Alemanha: a primeira que foi transmitida pela TV em cores, com a primeira Copa FIFA e a primeira participação de um país da África subsaariana (o grotesco e trágico Zaire de Mobutu).

Todos os jogos *orange* daquela Copa do Mundo – especialmente os três sucessos exemplares contra as seleções sul-americanas: 2-0 no Uruguai, 4-0 na Argentina, debaixo de um toró, e 2-0 no Brasil na semifinal – são geralmente lembrados pela marca (verdadeira, porém genérica) do "todo mundo ataca e todo mundo defende"; ou, pior ainda, pelas jogadas incríveis do Cruijff. Na verdade, naqueles jogos apareceram todas as conotações inconfundíveis do "futebol total". Conotações de três ordens, do baixo para o alto – *bottom up* – numa gradação crescente de complexidade e amálgama.

Conotações específicas de setor: a defesa que "sobe" e que permite aos laterais atuarem como alas e aos centrais construírem o jogo como se fossem volantes ou meias; o meio-campo que faz pressão na metade do campo dos adversários (*"total pressure"*), acelerando a transição defesa/ataque e ajudando os pontas e também os meias a chegarem com mais facilidade no chute ao gol (Neeskens); os atacantes que voltam sem parar (sistematizando a superioridade numérica e facilitando a reconquista da posse de bola) ou que se movimentam para as laterais, considerando as assistências tão importantes quanto os gols (Cruijff e Rep).

Conotações sistêmicas de um time, ou seja, que se aplicam a todos os setores: a marcação e a antecipação baseadas num dobramento e triplicamento constantes, numa ajuda pela qual nenhum jogador encara uma situação de resgate da bola sozinho; as soluções construtivas (antes que de ataque) baseadas na posse de bola, ou seja, na precisão dos passes e na libertação da marcação adversária (veja a jogada que redundou no gol no segundo minuto da final de Munique, com a Alemanha que começa perdendo sem nem tocar na bola); a própria desmarcação alcançada por diversos homens ao mesmo tempo, de forma que sempre existem muitas opções para o passe e que ninguém fique isolado do restante do time, principalmente na fase de construção.

Conotações de conjunto: o desaparecimento dos limites entre setores até chegar na anulação deste conceito, com as variações do 4-4-2 para o 4-3-3 que viram, senão irrelevantes, secundárias; a visibilidade do princípio científico chamado "holístico", que considera que tudo não é igual à soma das partes (ou seja, aplicado ao futebol, o time representa algo a mais e diferente do que a soma atlética, técnica e psicológica dos jogadores); e o conceito de polivalência tanto individual (o jogador capaz de encarar todas as fases de jogo) quanto coletiva (a predisposição a encarar todas as possíveis situações táticas).

A expressão concentrada daquele time são a corrida e a sintaxe cinética de Johan Cruijff, imparáveis e inesperadas – retomando de alguma maneira a imagem do *Angelus Novus* de Benjamin – como um vento que vem do futuro. Uma corrida que condensa em si, além do redemoinho eurítmico dos *orange*, as sequências sobrepostas de uma época inteira, liberatória e revolucionária, com todas as ambiguidades: as multidões de *Woodstock*, as visões lisérgicas de Kubrick em *2001: Uma Odisseia no Espaço* ou em *Laranja Mecânica* (justamente, um dos apelidos do time de Michels), as suítes do Pink Floyd, que reduzem o padrão musical em poeira emocional alienígena (veja Meddel, uma parte – *Echoes* – é minutada em sincronia com a cena da "viagem final" de 2001). Uma corrida que – como o próprio sistema de jogo de Michels – canaliza o impulso anárquico num rigor que nunca chega a ser castrador: única pelas fluidez, graça e amplitude de falcada (que somente Kaká, depois de Cruijff, conseguiu igualar) e pela alternância das acelerações – paradas – e novas acelerações, com dribles laterais (que dessa vez foram igualados apenas pelo Ronaldo), desenhada para deixar o corte do adversário praticamente impossível. Um corrida-sintaxe que levou Rudolf Nureyev a falar do Cruijff como um bailarino.

O resultado é um dinamismo em que o movimento perpétuo explode em progressões e/ou perfurações de acordo com a movimentação da equipe e do adversário. Cruijff sabe sempre quando deve arrancar e quando deve voltar, quando deve dar o passe e quando deve driblar; o drible dele, em específico, é (quase) sempre em sinergia com a contingência: com o fato de que os companheiros estão marcados ou estão agindo – mediante bloqueios e aberturas – para que ele mesmo progrida numa penetração individual.

Anarquia e rigor, necessidade e liberdade: a revolução cognitiva de Michels e a corrida-sintaxe de Cruijff convergem para um só lugar, dentro e fora da história. Claro que depois do momento de utopia tinha de vir a realidade, a desilusão depois da ilusão, eis a derrota na final da Copa do Mundo de 1974 contra a Alemanha (e aquela na final do mundial seguinte contra a Argentina, que também era anfitriã da Copa). De certa forma, foi o próprio Cruijff quem explicou que o time dos *orange* tinha chegado na final contra a Alemanha já satisfeito e que a obsessão pela vitória não fazia parte do genoma daquela equipe. Pelo outro lado, em geral, toda revolução tem a característica de regenerar nas seguintes; de atualizar-se em novos contextos, aparecendo igual ou diferente da versão anterior, dentro da dialética secular entre culturas dominantes e antagônicas.

Imediatamente depois da primeira Copa dos Campeões do Ajax (1971), Rinus Michels muda para Barcelona, seguido, dois anos depois (1973), por Johan Cruijff.

A revolução do Ajax – na mente do presidente Augstí Montal i Costa – deveria se adaptar às Ramblas: as geometrias cartesianas e precisas de Amsterdam e a luz fotorrealística dos pintores holandeses deveriam fundir com as cores de Miró e as fantasmagorias translineares de Gaudí. No curto prazo foi parcialmente um fracasso. Com os *orange* concentrados na Copa do Mundo na Alemanha (o técnico trabalhou nos dois cargos), Michels e Cruijff conseguiram apenas estabelecer algumas premissas, lidando com um clube, uma diretoria e um ambiente ainda não preparados para acolher a filosofia do "futebol total". A plena realização do transplante demorou a acontecer.

O próprio Michels deu uma explicação para este impacto difícil, quando disse que a mistura entre "futebol total" e *"Pressiing total"* – a matriz da seleção holandesa – aconteceu justamente quando houve a adesão de todos os integrantes do grupo: cinco semanas antes da Copa o técnico convenceu todo mundo do time a adotar a nova perspectiva, até os jogadores do Feyenoord, acostumados com um tipo de jogo mais lento e cadenciado pela liderança carismática de Wim Van Haneghem. Ao chegar ao Barcelona, o "General" encontra uma filosofia e um grupo de jogadores inadequados: ele terá de limitar a implantação dos conceitos da sua ideia completa, como acontecerá em seguida – de maneira ainda mais limitadora – com o Eintracht de Frankfurt; e como acontecerá com muitos técnicos depois de Michels, por exemplo com o Mourinho durante o primeiro ano na Inter, obrigado (ele mesmo admitiu) a introduzir apenas dois ou três de seus inúmeros "princípios de jogo" numa equipe muito marcada pela gestão anterior de Roberto Mancini. De toda forma – diz Michels – a chegada ao Barça foi bastante fácil, por determinados aspectos, graças ao trabalho do predecessor, Vic Bukingham, que geriu o treinamento dos *blaugrana* nas duas temporadas anteriores, implantando um 4-3-3 baseado no uso sistemático dos alas.

Nada foi por acaso, porque Bukingham foi o predecessor de Michels (e de Cruijff, que elevou o técnico ao papel de maiêutico-mentor) na direção do Ajax também. Não é possível falar de Buckingham sem voltar um pouco mais na história do time de Amsterdã e citar Jack Reynolds, que por sua vez foi mentor de Michels. O técnico inglês pode ser considerado um dos maiores pioneiros e influenciadores da ideia atual de "futebol total".

O nome verdadeiro dele era John Reynolds (que os holandeses acabaram traduzindo como Sjek Rijnols), o "senhor com o chapéu coco" – usava sempre terno preto como os personagens de alguns filmes fantásticos da década de 30 – nasceu em Manchester em 1881. Depois de atuar como ala-direito no Grimsby Town, no Sheffield Wednesday e no Watford, começou a carreira de técnico no Grasshopper e na Seleção da Suíça. Em seguida, a Grande Guerra impediu que ele respeitasse a contratação pela Seleção da Alemanha. Chegou ao banco do Ajax em 1915, onde ele ficou – por três fases – por um total de trinta e dois anos. Durante este período ele pediu demissão, a primeira vez por desentendimentos com a diretoria; e a segunda, no ano 1940 – com a invasão dos nazistas na Holanda – porque ele foi transferido de Amsterdam (onde além de ser técnico, geria uma pequena loja de charutos) para o campo de concentração/asilo mental de Tost, na Alta Salésia, na Polônia.

Em Tost ele encontrara, entre os outros, o escritor P. G. Wodehouse, que tinha sido deportado da localidade balneária de Le Touquet. As trajetórias dos dois foram bem diferentes: Wodehouse foi libertado no dia 21 de junho de 1941, Reynolds apenas no ano 1945, depois do fim do conflito mundial. O escritor supôs que foi libertado por causa da idade (ele cumprira 60 anos em 1941), mas esta não parece ser a única razão, sendo que Reynolds tinha a mesma idade do escritor. Na verdade – com a ajuda de pressões políticas internacionais – parece que o Wodehouse estipulou um mútuo acordo com o inimigo: a promessa de transmitir um discuso pela Rádio Berlim (como aconteceu mesmo em 6 de agosto de 1941) em troca da libertação. E a descrição adoçada do campo/asilo naquele discurso (um lugar "espaçoso" em que é possível se esforçar para não cair na depressão) não coincide com a dureza da detenção de Reynolds, que teve de lutar contra a depressão de verdade. O Ajax, de fato, deu apoiou constante, enviando para o inglês cigarros e tabaco na *Ajax-Pakket*, junto com dezenas de cartas dos torcedores e publicando no *Ajax-Nieuws* – além dos conselhos do técnico – notícias confortantes sobre o estado de saúde do "querido Jack"; e ele, para manter a lucidez e o moral, começou a organizar jogos de *cricket* e futebol sob a guarda armada dos soldados nazistas; isto tudo, infelizmente, não foi suficiente para evitar momentos de desespero, particularmente nas intermináveis primeiras horas das tardes de domingo, quando à saudade de sua mulher se juntava a falta do seu time e de seus jogadores. Entre estes, devia estar Eddy Hamel, ala incrível, deportado e morto em Auschwitz.

Em outubro de 1945 começou a circular o boato da morte de Reynolds; mas naquele mesmo mês ele apareceu na sede do clube holandês, com a promessa de "formar uma equipe sem precedentes". E de fato, retomando o trabalho começado na época do *gouden ploeg* (a equipe de ouro, estruturada em volta do hipertécnico e nervoso Jan de Natris), montou um conjunto memorável (ponta o jovem Rinus Michels) e deixou para os sucessores um Ajax já "moderno" e maduro sob todos os aspectos.

A complexa pedagogia futebolística de Reynolds (geralmente comunicada num holandês em "versão personalizada") já continha todos os elementos da futura filosofia do clube: a disciplina e o rigor, o treinamento com a bola, a contiguidade de método entre a base e o time principal; e principalmente – como lembrou recentemente Wim Schoevaart (94 anos), arquivista e memória histórica do clube, com pai e tio que jogaram no time) – a atenção maníaca para a "prevalência da técnica sobre a força física"; isto tudo monitorado por Reynolds durante quatorze horas de trabalho por dia.

Junto com uma campanha consistente (oito campeonatos e uma copa nacional), o inglês deixou como herança, acima de tudo, "o ethos do ataque" e a paixão pelas jogadas soltas dos alas: o primeiro concentrado num memorável aforismo falado durante uma entrevista raríssima de 1946 e que hoje em dia representa um axioma para os times ofensivos ("O ataque continua sendo a melhor defesa"); a segunda imortalizada pelo grito da torcida "Joga aberto, joga aberto/não deixe de jogar nas alas", quase uma eco do *limerick* no *Ajax Nieuws*: "Podemos ganhar e ganharemos, Jack/ aponta para a gente o que nos falta, Jack...".

Outra pessoa com passagem histórica pelo clube, Jany van der Veen – *talent-scout* que descobriu Cruijff, Hulshoff e muitos outros – lembrava dele como o maior técnico do Ajax de todos os tempos. Não foi por acaso que em 1962, durante o cortejo fúnebre de Reynolds em direção ao cemitério de Amsterdam Leste, o mesmo ficou parado em silêncio por um tempo em frente ao estádio do Ajax, a arena que verá correr tantos campeões – desde Cruijff até Van Basten – diante da famosa arquibancada-Reynolds.

Doze anos depois veio Buckingham. Nascido em Greenwich no mesmo ano (1915) em que "o senhor com o chapéu coco" chegou ao Ajax, ele é diferente tanto pelo aspecto (magro e pontudo, numa foto em idade avançada parece um pouco com o Cruijff) quanto pela atitude, mais desenvolta e amoral, menos "rígido" apesar de não ser menos rigoroso. Chegou na "creche" dos lanceiros depois de um período jogando no Tottenham de Arthur Rowe (mestre do esquema W-M britânico) e outro em que treinou equipes de diferentes níveis (desde os amadores do Pegasus ao West Bromwich, time com o qual ganhou a FA Cup). Ao chegar a Amsterdã, Buckingham ficou impressionado com a organização, a filosofia e o treinamento dos jovens. Sobretudo, com a predisposição antropológico-cultural de garotos caracterizados por "habilidades e inteligências diferentes" dos rapazes *"rough-tough"* ingleses: e não há nada mais sintomático de que a sua ideia de futebol *"pass-and-move"*, longe do contra-ataque e do lançamento em profundidade.

Numa entrevista concedida em 1993 a David Winner, grande estudioso do futebol holandês, Buckingham falou com *pathos* e precisão sobre experiência na direção do Ajax. Confessou com muita sinceridade que aquela habilidade e aquela inteligência não dependiam do treinamento dele ("não puxaram isto de mim... apenas vi neles algo que precisava ser incentivado"); e reconhecendo implicitamente o trabalho preexistente de Reynolds, ainda disse: "só precisei falar para eles insistirem um pouco mais com a posse de bola". E sem renunciar ao orgulho por sua contribuição ("claro que influenciei meus jogadores"), Buckingham falou com admiração comovida sobre as atitudes dos jovens daquele time: "Me deliciavam com lindas jogadas. Por exemplo, dois deles podiam correr 30 jardas na lateral trocando passes e abrindo a defesa, pois conseguiam fazer com que três zagueiros ficassem em cima deles". Mas o aspecto do time do Ajax que mais impressionou o técnico inglês foi o "ritmo", a facilidade com que executavam os passes – não apenas na fase de posse – ganhando ao mesmo tempo espaço e profundidade; e a maneira como combinavam instintivamente "técnicas, movimentos, trocas".

Fiel ao esquema W-M (3-2-2-3), proposto num modelo bem mais fluido, harmonioso e ofensivo do que na versão do mestre Rowe, Buckingham venceu o campeonato holandês em 1960, com uma média de 3,2 gols por jogo, ganhando por 5 a 1 do Feyenoord no clássico dos clássicos dos Países Baixos. Logo em seguida, saiu do Ajax para treinar o Sheffield Wednesday, e ainda voltou para o time holandês em 1964, justamente no ano em que acaba sendo envolvido num escândalo de apostas. Nunca foram apresentadas evidências concretas contra ele, mas três jogadores do Sheffield foram condenados por atos ilícitos relativos ao jogo contra o Ipswich Town. Buckingham nunca conseguiu se livrar da sombra das acusações e talvez por isto mesmo não tenha chegado a novas conquistas com o Ajax, que em 1965 resolveu demiti-lo. O time estava na zona de rebaixamento. Apesar da despedida tão amarga, Buckingham lembrou na entrevista, na parte em que fala a respeito da última passagem pelo Ajax, do relacionamento luminoso que manteve com o juveníssimo Cruijff : "Desde o começo, sentimos um laço muito profundo, como se fôssemos pai e filho. Ele mostrava para todos nós como jogar bola. Ele já era um adulto. Tinha uma carga vital enorme. Corria pelo campo todo e sabia como fazer tudo: criar movimentação, voar nas laterais, entrar na área, cabecear. Pé direito, pé esquerdo, tudo numa velocidade monstruosa. Um presente de Deus para a humanidade, em sentido futebolístico. Esse era o Johan".

Profetas no exterior, subestimados em suas pátrias (principalmente Buckingham), os dois Pais Fundadores do Ajax acabam virando, como numa espécie de corrida de revezamento, vovôs do Barça. Isto está parecendo um dominó vertiginoso que precisa de um resumo: Reynolds (mentor de Michels) e Buckingham (mentor de Cruijff) cuidaram no Ajax da semeadura e da brotação, proporcionando o florescimento do técnico Michels e do jogador Cruijff (a partir de 1965). Buckingham (novamente) e Michels cuidaram da semeadura e da brotação no Barcelona, que chegou a florescer nas mãos do técnico Cruijff (1988-1996).

Este genoma complexo, de fato, explica por que as melhores ramificações *blaugrana* das ultimas décadas serão, do ponto de vista do jogo e dos resultados, anglo-holandesas: do lado inglês, Terry Venables e Bobby Robson; da parte *orange*, o *Dream Team* de Cruijff, Van Gaal e Rijkaard.

Claro, a primeira fase do transplante, como já lembramos, foi (aparentemente) um fracasso. Buckingham não ganhou nada. E Michels – mesmo ganhando uma Liga, após quatorze anos de jejum do Barça e uma Copa del Rey – não conseguiu levar o time para um patamar "europeu" e implantar a mesma qualidade de jogo da *Laranja Mecânica*. A gestão dele será lembrada principalmente pela efração (estética e mediática) de Cruijff: a transferência para Catalunha custou 3 milhões de florins; a troca do número da camisa, com o nove colocado no lugar do lendário quatorze; a estreia, no Camp Nou lotado, no dia 29 de outubro de 1973 (marcou dois do 4-0 no Granada); a *manita* no Real Madrid em fevereiro do ano seguinte; o desaponto concitado e dramático por causa das polêmicas arbitrais; os duros ataques dos zagueiros (Ángel María Villar), as ameaças de sequestro. Resumo disso tudo: o gol de calcanhar no 2 a 1 contra o Atletico Madrid, que se tornou objeto de alguns tratados de metafísica.

Apesar de tudo, a marca deixada é profunda. Alguns dos mantras de Buckingham são mantidos até hoje como se fossem o decálogo para todos os melhores do Barça, até o próprio Guardiola: mantras filosóficos ("O futebol é um jogo sério, porém elegante"), psicopedagógicos ("Para montar um time de futebol, precisa ter jogadores bons do ponto de vista físico e mental"), filosóficos e táticos ao mesmo tempo ("Sempre pensei que a posse de bola representasse os nove décimos do jogo"), e especificamente táticos ("As bolas longas para a frente são muito arriscadas", contra qualquer palpite de boteco).

Quanto a Michels, apesar das primeiras reclamações a respeito da inaptidão do ambiente para o "futebol total" encontrado ao chegar no Barcelona, muitos anos depois elogiou a Espanha por ter recebido e assimilado os inputs da mudança, diferentemente de muitos outros países europeus. Em específico, no que diz respeito à necessidade de "começar pela base do time" – como aconteceu com o Ajax – melhor ainda se em "cooperação com o sistema escolar"; e a consciência de que no futebol total "o trabalho nunca é feito de um dia para o outro". Um dos elementos mais contra-intuitivos do "futebol total" é justamente representado pela unicidade e a novidade pedagógico-educacional, aspecto basilar da proposta cognitiva, que com certeza é única e inédita.

Vamos voltar um momento para o *Teambuilding*. Michels insiste na questão de implantar nos rapazes uma mentalidade construtiva, ou seja, ele acredita que a apreciação de um jogo técnico e ofensivo seja a melhor ferramenta para transmitir para o indivíduo ou para o grupo a coragem, a autoestima, a segurança e, em última instância, a superação do *medo*. É uma visão distante anos-luz, por exemplo, da pedagogia futebolística italiana, dividida entre a arcaica mentalidade "da pelada" (papéis fixos, contra-ataque, marcação apertada, gregários jogando em função dos virtuosos, mistura de técnica e esperteza) e uma aplicação errada do "sacchismo" (Arrigo Sacchi, grande técnico e filósofo do futebol italiano) com os técnicos que afligem as crianças das bases com uma orgia prematura de imposições e esquemas. São duas maneiras opostas e simé-ricas para inibir e condicionar: dois métodos diversamente eficazes para castrar a criatividade e a paixão pelo futebol, além de bloquear o nascimento de qualquer eventual talento, especialmente os emergentes que ainda precisam amadurecer. Isto tudo, geralmente, é acompanhado por pais ambiciosos e opressivos, que de acordo com Michels acabam causando ansiedade e sufocamento. Uma concepção construtiva do jogo deveria ter a prerrogativa de ser, antes de tudo, não constritiva.

Dentro de sua proposta pedagógica, Michels começa pela importância de uma progressão "passo a passo", fundamental numa época que de fato acabou – através de restrições urbanas – com a formação de "rua", aquelas peladas cotidianas que deixavam crianças e jovens ocupados por vinte cinco horas por semana.

É uma progressão baseada em idade e características psicofísicas que prevê: aos cinco anos, jogos de quatro contra quatro (com os gols de três metros por um) e um trabalho para ganhar "confiança com a bola"; entre os seis e oito anos de idade, jogos de sete contra sete (de maior complexidade) e um treinamento técnico (passar-receber-driblar) particularmente focado no caráter funcional e não exoneratório do drible; entre os oito e dez anos de idade, mais jogos de sete contra sete, porém com os movimentos mais organizados e um maior número de "duelos"; entre os 10 e os 12 anos, finalmente, jogos de onze contra onze com o estudo da posição (saber onde "ficar no campo") individual e os microjogos (principalmente de cinco contra dois, mas também de cinco contra três ou de cinco contra quatro) com uma quantidade de passes compulsórios e o tamanho do campo variável, microjogos em que precisa *experimentar* todas as combinações possíveis, um verdadeiro "reflexo do futebol real". Já neste nível, o jovem jogador assimila a plasticidade em que está baseado um jogo total: entende quando precisa ser simples e quando ser complexo, quando ser analítico e quando ser sintético. Somente a partir desse momento, é possível trabalhar em cima de aspectos táticos sofisticados: entre os doze e os quatorze anos, em cima da posição individual e coletiva, da transição e da estrutura do time; entre os quatorze e os dezoito, em cima do sacrifício em prol dos companheiros e do confronto com jogadores mais velhos, fortes e rápidos; dos dezoito em diante, em cima da pressão psicológica e do estresse ambiental, treinando diante de um público de cinquenta pessoas, por exemplo. Lembrando o princípio-guia dominante: a necessidade de tratar todos os jogadores (talentos e "pernas de pau") do mesmo jeito, tanto porque os rapazes têm consciência das diferenças individuais, quanto porque, em muitos casos, a infância e a adolescência escondem ou encriptam o talento. Foi o caso do Jaap Stam, por muito tempo considerado inadequado. E foi o caso – por mais que isto possa surpreender – de Xavi Hernandez: chegou à Masia aos onze anos, era um meia muito mais lento do que os companheiros, acabou sendo transformado, por meio de uma formação adequada, na "Máquina", uma máquina perfeita do ponto de vista do moto-perpétuo e da precisão metronômica dos passes.

A Masia de Can Planes (uma "fazenda" quase hotel-fazenda) é uma casa colonial clássica construída em 1702, como diz a data que aparece no portão de pedra, surmontado por uma antiga meridiana colorida e uma torrinha de cinco arcos. Hoje em dia, está no bairro de Les Corts, zona oeste de Barcelona, perto do Camp Nou. Em 26 de setembro de 1966 virou sede social e em outubro de 1979 – depois da saída de Michels, outro revezamento simbólico – foi transformada num núcleo para formação de jovens talentos do Barça. A *marca* holandesa aparece ainda hoje numa declaração em cima de um cartaz do patrocinador na entrada, com os rostos dos campeões do momento e o aforismo: "Somos atacantes que defendem, somos defensores que atacam".

Para todo mundo – *blaugrana* ou não – o som da palavra "Masia" está associado à "cantera": a "cava", termo que justamente leva a pensar na missão de plasmar, ou talvez de esculpir, os jogadores. Em 1979 os rapazes eram apenas vinte, hoje em dia são sessenta: doze (entre onze e quatorze anos de idade) moram mesmo na casa colonial, os demais (entre os quinze e os dezoito anos de idade) em quartos localizados em volta do estádio. As porcentagens de procedência são significativas: dos sessenta, noventa por cento são espanhóis e cinquenta por cento são catalães (o objetivo é chegar em breve a ter sessenta por cento), mas, mesmo assim, não faltaram casos excepcionais de talentos vindo de fora da Europa: além do caso-*raridade* de Messi, recentemente apareceu um garotinho dos Estados Unidos, chamado Ben Lederman.

O edifício, que já se tornou lenda – de fato é considerado a oficina dos futebolistas do novo milênio – aparece como um lugar de conto de fadas na cabeça das crianças: na verdade, um conto ambíguo e cruel, porque se para poucos, ou melhor, para muito poucos representa a porta de acesso a uma vida de campeão, para muitos, os reprovados, representa uma rua sem saída – como cantam os *Green Day* – uma *boulevard of broken dreams*, uma avenida dos sonhos interruptos. E justamente por causa disso – em sintonia com as indicações de Michels – a Masia oferece para seus alunos, antes que o treinamento técnico e tático de futebol, uma rígida e aprofundada educação escolar: como o diretor Carlos Folguera (quarenta e dois anos de idade, pedagogo e ex-goleiro do Barça – hóquei) não cansa de repetir, os excluídos poderão pelo menos ter acesso a um curso de educação superior ou encontrar um emprego. E é por isto mesmo que uma das primeiras atenções do pessoal da "fazenda" é com a delicadeza da abordagem inicial: a apresentação do "sonho" como uma "viagem longa" para um destino incerto. A questão é não iludir muito, pois a desilusão pode ser realmente traumatizante.

Desta maneira a atmosfera é leve, nunca é tensa, graças ao ótimo desempenho dos vinte membros da equipe de trabalho: além do diretor Folguera, Josefina Brazales (quarenta e sete anos), responsável por RH. A "mamãe" do grupo que acompanha o processo de adaptação dos recém-chegados, desnorteados pela distância das suas famílias e pelo fato de que deixaram de ser os líderes que eram nos times de procedência; os professores Ruben e Ricard, que acompanham a garotada nas disciplinas escolares; e o médico, o nutricionista, o educador, dois cozinheiros, sete faxineiros e o vigia.

A falta de tensão na atmosfera não alivia de maneira alguma a obrigatoriedade de uma normativa comportamental rigorosa; que não foi estruturada apenas para proibir (*piercings*, tatuagens, cabelos pintados, celulares na mesa), mas para explicar e motivar cada indicação ética (desde o perigo ligado às drogas e ao álcool até o controle sobre a ambição pessoal); assim também o setor técnico explica e motiva todos os aspectos da filosofia futebolística do clube. Na Masia palavras como "sacrifício" ou "respeito" não soam – infelizmente para os alunos – como orações vagas pronunciadas para forrar uma consciência dupla, mas sim – segundo Folguera – como "valores não negociáveis". Para ser mais claro: a Masia não é a filial de Eton (apesar de que existe uma associação entre as duas instituições, pois as cores *blaugrana* foram escolhidas pelos fundadores suíços do clube espanhol, justamente em homenagem ao colégio). De qualquer forma, o "código ético" influi tanto quanto a qualidade técnica. E a capacidade de aprender também é importante: Sergio Busquets conta como ele tem visto "verdadeiros craques" deixarem o clube por causa da "incapacidade de escutar".

A parte interna do edifício – um total de seiscentos metros quadrados – é articulada como determinados *resorts*: no térreo um pequeno bar de madeira na parte da entrada, uma sala para entrevistas coletivas e a cozinha; subindo as escadas, uma sala de estudo/biblioteca – com vista para o Camp

Nou – para as atividades escolares, uma sala recreacional (com conexão de Internet, apesar de que cada aluno recebe do Barça um *netbook* para uso pessoal) e os dormitórios compartilhados, que continuam no andar de cima. Nestes quartos começa e acaba o dia a dia baseado – de acordo com as exigências disciplinares – em ritmos bem certinhos:

6.45: acordar e arrumar a cama.

7.30: ida para a escola em ônibus ou em *pick-up* (aulas até 14.00).

14.00: almoço.

15.00: pós-almoço, uma hora de liberdade.

16.00 – 18.00: dever de casa.

19.00 – 20.45: finalmente, o treino.

21.00: volta para o edifício e janta.

22.00: hora de lazer e/ou Internet.

23.00: luzes desligadas (22.30 para os mais novos) e todos trancados dentro das paredes da casa. Também porque – como contou Iniesta – o bairro do Camp Nou é um concentrado de sexo de rua de todos os níveis, e "quatro garotos passeando podem acabar se metendo numa fria".

Apenas uma coisa é mais rigorosa do que a agenda quotidiana desses rapazes: a seleção dos talentos, que desde 1979 até hoje tem avaliado um número relativamente baixo de aspirantes (500): uma seleção efetuada por 5 *scouts* e orientada a favorecer, num esquema radial, antes os procedentes de Barcelona (que podem morar com as famílias), depois os catalães, os espanhóis e, por fim, os estrangeiros (que claramente ficam hospedados na estrutura do clube e nos quartos espalhados pelo bairro). O critério para escolha dos meninos é claramente dúplice: do ponto de vista técnico, os selecionadores avaliam a habilidade de toque de bola, a agilidade e a rapidez; do ponto de vista psicológico-cognitivo, a capacidade de prestar atenção e a velocidade (e também a criatividade) da tomada de decisão. Mais uma vez, os aspectos neuropsicológicos contam tanto quanto as habilidade técnico-atléticas.

Após a fase seletiva, os jovens passam a ser cuidados por uma equipe de uma área técnica especialmente sinérgica, baseada num modelo consolidado do Ajax. A sinergia começa pelo Diretor Geral Zubizarreta e por Guardiola, passa por Albert Capellas (coordenador) e Guillermo Amor (gerente da "cantera") e acaba com Albert Puig, praticamente todos membros do *Dream Team* de Cruijff.

Quase tudo – nesta pedagogia futebolística de vanguarda – remete ao *Teambuilding* de Michels. Com algumas exceções: os jogos diante do grande público – que para o "General" só podiam acontecer na fase final de treinamento – aqui são encarados desde o começo, com as crianças escaladas no Barça Athletic no Mini Estadi, familiarizando com as cores da camisa, com a logo gigante do time marcada no gramado e com o público gritando comentários desde a arquibancada.

Entre o mirim (sete anos) e o Barcelona B (dezoito anos), existem 13 grupos separados, todos focados no 4-3-3 e num treinamento progressivo: com a carga de trabalho físico e tático que varia de acordo com a idade dos meninos. Os fundamentos são praticados com trocas de passes rápidos, cortes e tabelinhas, acelerações breves: somente lá na frente os meninos treinam o jogo "das posições" (o relacionamento com a bola, as distâncias, o companheiro e o adversário) e – a partir dos dezesseis anos de idade – começa o treinamento de *fitness*, sempre executado com a bola. Bússola cognitiva: a intensidade das simulações é parecida com a dos jogos. E enquanto temos a novidade no modelo holandês, de focar na cadência da corrida – que privilegia a frequência e não a amplitude – a atitude filosófica não muda. A lógica do resultado é subordinada, especialmente nos primeiros anos, ao prazer de jogar. Significativa, a propósito disto, foi a observação de um jornalista estadunidense que ficou impressionado com a diferença entre esta atitude e a precoce combatividade *(the games are do or die)* do mirim dos *New York Yankees*.

Quase todos os campeões das últimas gerações passaram pela Masia: a partir do próprio Guardiola (1984-90), e seguindo com Ivan de la Peña (1991-94), Carles Puyol (1994-1998) Andrés Iniesta (1996-2001) e Victor Valdés (1996-2000). Porém, nem tudo flui de forma linear. Às vezes, os clubes baseados numa filosofia parecida com a do Barça conseguem atrair alguns talentos emergentes (veja o Arsenal com Fabregas – já de volta para o Barça – ou com os meninos de dezesseis anos Jon Toral e Hector Ballerin, o Everton com Mikel Arteta, sem falar no assédio para contratar Fran Mérida); ou jogadores que no futuro se tornam indispensáveis, percorrem um caminho intermitente: é o caso de Gerard Piqué que voltou para o Barcelona depois de jogar quatro anos no Manchester, de Ferguson. E mais: até os campeões conclamados passam por adaptações difíceis, ou correm o risco de naufragar: Xavi sentia-se mais lento e atrapalhado do que os companheiros; Iniesta (que veio de Fuentealbilla) passou o primeiro período dando pancada nos colegas na fila do telefone para conseguir falar com os pais; e o próprio Piqué – cujo avô, apesar do sobrenome Bernabeu, pertencia à diretoria do clube e era amigo pessoal de Nuñez – até os dezessete anos de idade, ficou em cima do muro, antes de entrar no Barcelona B.

O caso de Lionel Messi é à parte, em todos os sentidos. Messi, de fato, representa um enigma. Parece um personagem totalmente privado de *appeal*: contratado pelo clube "à paisana", é um gaúcho convencional com o olhar quieto, às vezes desligado. O que impressionava nele era uma duplicidade mal resolvida: um lado demais infantil, com o amor para o futebol e a *Playstation* fundidos numa espécie de período de férias permanente, como acontece com quem adia constantemente a hora de assumir responsabilidades; outro lado demais adulto, com um comportamento precocemente enxuto e controlado, com um domínio emotivo, que podia ser facilmente trocado por apatia, raramente interrompido por um sorriso extemporâneo, causado por um gol pessoal ou marcado por um companheiro. Estamos realmente às antípodas – e não apenas do ponto de vista técnico – do outro *top player*, considerado o antagonista número um de Messi, Cristiano Ronaldo, *playboy* cafona, hiperemotivo e sedutor. Diante da exibida mania do sexo do português, Messi parece um duendezinho dos contos de fadas, envolvido numa dimensão suspensa e assexuada; apesar de que, recentemente, a imprensa fofoqueira teve a inacreditável chance de transformá-lo num sátiro insaciável, cercado por vedetes e pornodivas.

Dentro da ótica do Barça, o caso Messi é muito mais compreensível, e sintomático da filosofia e da pedagogia *blaugrana*. O pessoal da Masia lembra dele como alguém "tímido e introverso" e não muito predisposto para as disciplinas escolares, porém muito bom para "se tornar amado" pelos outros; no fundo, aquele *deficit* de atenção é de fácil explicação, pois a máquina biológica de Messi parece estar feita, em cada célula de tecido, para jogar bola. Existe um vídeo belíssimo – no Youtube – em que ele aparece criança, jogando em cima de todos os tipos de terreno (gramado, sintético, até areia), já aparentando todas as marcas do estilo dele: zigue-zague em microespaços, domínios em alta definição de bolas aéreas, golpes aveludados. São imagens que emocionam, especialmente porque não dá para não pensar na fragilidade física do menino. Uma fragilidade radical, que, diferentemente daquela específica de outros craques (veja o tornozelo do Van Basten), podia ter afetado muito negativamente a vocação e até a composição orgânica do menino.

Quando Messi era muito novo ele recebe o diagnóstico de uma deficiência na produção do hormônio GH do crescimento (somatotrofina), ou seja, daquele hormônio (produzido pela hipófise por solicitação do hipotálamo) preposto ao desenvolvimento do fígado, dos ossos, das cartilagens e dos músculos. O River Plate se interessa no talento dele, mas não dispõe dos meios econômicos para tratá-lo ou mesmo para pagar a transferência do Newell's Old Boys. É justamente neste momento que ele é identificado pelo Carles Rexach, diretor técnico do Barça, também cético por causa da imaturidade do jogador (apenas doze anos de idade) e pelo diagnóstico fisiopatológico desfavorável. O desdobramento dessa situação na história de Messi se torna importantíssimo. Ele é chamado, junto com a família, para fazer um teste de dezesseis dias em Barcelona, mas Rexach – de viagem em Sidney – não pôde vê-lo pessoalmente. A chance parece dar em nada, com a família de Messi querendo voltar para a Argentina, quando Rexach volta para a Catalunha e chega no campo de treinamento justamente na hora em que a "Pulga" marca um gol, encobrindo o goleiro, contra um time de meninos dois anos maiores do que ele. O DT fica admiradíssimo, mas como o clube ainda aparentava um certo receio, ele inventa o lance de um "pré-contrato" – num café de Rosário – assinado num guardanapo. Finalmente o Barça resolve investir no menino, trazendo-o para a Masia e dando a ele tratamento caríssimo da deficiência através da injeção de um hormônio biossintético capaz de substituir o natural.

 Este caso remete para a memória de outros fantasistas, especialmente no âmbito sul-americano, em que a realidade social deprimida das origens de tantos jogadores (afetados *principalmente* por questões de má nutrição), acaba expondo os talentos a diversos problemas de desenvolvimento, além de outras questões ligadas à saúde em geral. É o caso do Zico, construído – usando as palavras do preparador Francalacci – "em fases sequenciais", por camadas, mediante doses poderosas de hormônios e compostos vitamínicos desenvolvidos para aumentar altura e estrutura física (em particular os antebraços e os quadríceps). Ou de outro jogador brasileiro que passou pelo Barça, Rivaldo, acometido por uma doença infantil (mais uma vez, uma patologia óssea) que, além das extremidades, afeta a mandíbula e os dentes, alterando a conformação do rosto. Por isto a prodigiosa corrida dele tem algo de escaleno e sinuoso. De toda forma, o maior caso de todos é do Manoel Francisco dos Santos, mais conhecido como Garrincha. A poliomielite deixou a futura estrela botafoguense com a perna esquerda (a que funcionava de pivô no mirabolante drible dele) mais curta e leves lesões mentais. Talvez possamos dizer que o antecedente de Messi seja justamente Garrincha, chamado assim por causa do nome de um passarinho que tem as pernas bem fininhas. A "pulga" e o "passarinho", acomunados pela leveza dos apelidos zoológicos.

 Ver Messi jogar emociona e comove, por um lado, justamente porque junta em si – até o extremo – *todos* os exemplares da espécie: todas as borboletas que correram o risco de permanecer petrificadas numa crisálida. Do outro, porque ele representa a conquista de uma filosofia de clube: Messi (como dizia Buckingham falando sobre Cruijff) é "um presente de Deus para a humanidade, em sentido futebolístico"; porém, provavelmente, sem a passagem pela "fazenda" o imenso talento dele teria ficado na *Boulevard of broken dreams*.

LESTE DO SOL, OESTE DA LUA
As constelações do "futebol total"

> "O passado, além de não ser fugaz, fica parado: depois de séculos, o pesquisador que examina a toponímia, os costumes dos habitantes de uma região remota, poderá ainda colher as marcas de uma certa lenda, [...] que continua viva no presente, como uma emanação mais densa."
> Marcel Proust, *Os Guermantes*

É um antigo conto de fadas da Noruega, um dos mais ambíguos e insinuantes, muito querido pelos irmãos Grimm.

A trama é complexa, labiríntica, repleta de arquétipos. Em breve, conta da obstinação de uma menina (belíssima e pobre) à procura de um príncipe vítima de um feitiço lançado pela madrasta. Uma mágica que obriga o coitado a manter uma dupla identidade (urso branco de dia, homem de noite) e a cumprir com uma promessa de casamento com uma princesa com o nariz "do tamanho de três braços". A questão central do conto é a viagem, desesperada e interminável, que a menina precisa encarar para chegar ao (não) lugar em que o príncipe-urso está aprisionado: um castelo deslocado ao "leste do sol, oeste da lua". Todos ouviram falar deste lugar, porém ninguém sabe onde fica. Com a ajuda de três velhinhas e de seus talismãs (uma maçã, um pente e uma roda de fiar, todos de ouro) e principalmente dos quatro ventos (em particular o vento do norte, o mais velho e poderoso), conseguira chegar ao castelo, derrotar a madrasta e a princesa, e casar com o príncipe. *Leste do Sol, Oeste da Lua* já inspirou um disco dos A-ha, lançado em 1991 com o mesmo título, e as geniais ilustrações gótico-abstratas de Kay Nielsen (veja a sequência da mulher montada num urso). É um conto que expressa, como poucos conseguirão, a topografia móvel e esquiva da dimensão fantástica.

A dimensão do Barça – como temos visto – é uma aplicação especial da dimensão do "futebol total": uma dimensão (ou talvez uma galáxia) dominada pela magnitude holandesa, porém, ao mesmo tempo, muito mais disseminada e puntiforme do que qualquer outra, com uma topografia móvel e esquiva, como no conto de fadas norueguês. O "futebol total" tem, de fato, aparecido em muitos países, sob forma de antecipações ou variações, ou, ainda, de projetos paralelos customizados, fragmentos isolados – quase como se fossem partículas remotas – de seus constituintes táticos e filosóficos.

São em sua maioria países do norte, do meio e do leste da Europa: o processo passou quase batido nos países latinos (inclusive na América do Sul), até o transplante *orange* não acontecer na Catalunha e – dez anos depois – no Milan de Sacchi. Houve um outro caso, mas acabou sendo apenas um fogo de palha: o Porto, de Arthur Jorge. Tudo depende da incidência dos acontecimentos históricos, da identidade antropológica (e até religiosa), do complexo cultural de cada país. Isto ficou evidente com o caso dos *orange*. Quando Buckingham descreve as crianças holandesas dotadas de uma inteligência e de uma habilidade "diferentes", de uma natural predisposição para as combinações e as trocas de passes, na verdade está resumindo em poucas palavras a demonstração analítica de David Winner. O "espaço fluido" do futebol holandês seria de fato – para Winner – uma emanação da reflexão recíproca da "natureza" e da "cultura" da nação: a *forma mentis* do jogador, por um lado, divide o terreno de jogo em setores parecidos com as grandes cultivações dos *polders*, geometrias típicas das pinturas do Mondrian; pelo outro, aparenta a essência molecular de uma pintura (do Vermeer) que reproduz as gradações luminosas dos céus e a solidez dos ambientes domésticos. Para explicar outra marca tático-filosófica dos *orange* (a harmonia entre o individual e o coletivo), Winner remete os leitores primeiro para a arquitetura e a urbanização, citando a "cidade total" de Michel de Klerk. No aglomerado urbano teorizado por este autor, casas particulares e edifícios públicos, jardins e aeroportos são unidades que gozam de uma autonomia estético-funcional e, ao mesmo, tempo se submetem a uma coordenação soberana. Num segundo momento, Winner analisa a incidência da ideologia calvinista e da socialdemocracia na introjeção da disciplina e da assunção de responsabilidades. Talvez a pintura de Van Eyck (também da Bélgica), exposta na National Gallery de Londres, conhecida como *O Retrato de um Jovem Chamado Timóteo* seja o ícone perfeito para resumir este conceito. No fundo preto aparece a imagem de um jovem usando uma roupa vermelha. Os traços do rapaz – nariz triangular com base larga e a ponta arredondada, os ossos malares elevados e marcados, a mandíbula quadrada – lembram o rosto dos jovens Rinus Michels e Marco Van Basten.

 O mesmo método interpretativo poderia ser usado para analisar o que aconteceu em outros países, porém talvez seja mais interessante tentar observar isoladamente cada galáxia do "futebol total": tanto porque isto permite tirar da sombra diversos técnicos e times que acabaram sendo injustamente obscurecidos quanto porque cada constelação – apesar de terem todas a mesma caraterização de uma porção de elementos do "futebol total" – evidencia e foca num aspecto em particular, como no caso do Barcelona. O time catalão concentra seu esquema de jogo em: posse de bola, uso tático do impedimento, *pressiing*, automatismos, superposições e acelerações. Todos estes elementos estão perfeitamente harmonizados dentro do esquema de jogo *blaugrana*, que representa uma orquestração única e inédita: de toda forma, analisar cada um deles separadamente ajuda a subir a contracorrente para chegar nas fontes conceituais, táticas e técnicas do time.

A posse de bola, por exemplo, é mais do que um princípio-guia do Barcelona: representa a identidade cognitiva e psicológica individual e grupal. Os países ibéricos (Portugal e a Espanha mais ainda) sempre interpretaram este elemento como algo de inercial: a predisposição para o toque de bola abundante prendia os times em teias de aranha improdutivas e causava um aborrecimento desnecessário do público. A posse de bola do atual Barça, contrariamente, não serve apenas para uma "manutenção" genérica (prevenção do ataque adversário e preparação do próprio), ela faz com que haja uma sincronia consubstancial do aspecto "decorativo" (a fineza de controle individual) com o aspecto "estrutural" (movimentar a bola para gerar espaço no campo): é fácil encontrar esta característica na arquitetura de Gaudí. A modulação rítmica, vista no detalhe, é impressionante: o *continuum* que acelera de uma posse "preparatória" para uma troca de passes penetrativa, com movimentações sem bola que solicitam, nos últimos trinta metros, passes filtrantes ou tabelinhas em alta velocidade. É um efeito *Bolero*, que justifica também a falta de cruzamentos clássicos e jogadas aéreas (de cabeça).

Quem foram os técnicos que – além de Reynolds, Buckingham e Michels – consideraram a posse de bola uma constituinte do "futebol total"? Para descobrir isto – sem incluir as arqueo-expressões como o *Wunderteam* austríaco de Hugo Miels, equipe da década de 30 que contava com Matthias Sindelar, apelidado de "o Mozart do futebol" – é necessário entrar por um portão que parece com o do *Cidadão Kane*: o *Shankly Gate do Anfield Road*, onde no alto aparece a escrita *You'll never walk alone*, "Nunca andará sozinho". Hoje em dia, cinquenta anos depois da chegada ao Liverpool, a imagem do rosto severo e confiante de Bill Shankly continua firme na memória dos apaixonados. E para estes torcedores, passar pelo Shankly Gate, especialmente nos períodos em que o time não está indo muito bem, significa reconectar-se com situações que vão bem além do mundo do futebol. Quando Shankly chegou à cidade dos Beatles – no mesmo ano em que o Buckingham se une ao Ajax – ele foi obrigado a começar do zero. Ao invés de se intimidar com esta tarefa, o técnico exaltou-se.

A trajetória inteira da vida dele é alimentada por um ideal socialista, que além de inspirar uma certa atitude política, influencia como "visão de vida" os aspectos éticos e até táticos do modelo de equipe. Uma visão metabolizada desde a época da infância no vilarejo escocês de mineradores, Glebruck, em que ele nasceu – caçula de cinco filhos, todos jogadores de futebol – em 1913. Ele era um bom lateral, porém se tornou mais famoso como técnico, graças à revolução no time do Liverpool em Grimsby, onde assumiu a liderança de uma equipe deprimida e desfibrada, levando-a imediatamente a concorrer para a promoção, com uma qualidade de jogo que ele mesmo modestamente definiu como "a melhor que teve na Inglaterra desde o fim da guerra".

O Liverpool que o Shankly encontrou estava bem pior do que o Grimsby (rebaixado, jogadores fracos, infraestrutura péssima, apenas uma torneira para água), um time que necessitava de uma paciente e tenaz construção "cultural". Todo momento com ele na liderança do grupo era repleto de afirmações sobre ideias pedagógicas e solidárias. O técnico escocês impôs um novo treinamento e uma nova dieta, regendo o dia de treino dos jogadores entre os renovados terrenos de Melwood (onde todo mundo almoçava junto) e as viagens em ônibus para Anfield Road, lugar em que ele transformou o *boot room*, o *closet* das chuteiras, numa sala de reuniões com canecas de cerveja Guinness e lousas para marcar táticas. Inovou o treino técnico com um gol dividido em oito partes, alvos específicos a serem centrados de acordo com o tipo de exercício executado. Principalmente, introduziu uma filosofia tática baseada no "passa e corre" e o melhor "controla a bola e passa", em que nenhum jogador pode se lançar numa transição individual "de fominha" – passando de uma metade do campo para a outra –, pelo contrário, deve sempre olhar para as opções de apoio (dois ou mais companheiros livres da marcação) e contribuir para uma troca de passes "simples e econômica". Algo que proporciona ao time espaço e tempo para respirar. A filosofia do Shankly é uma marca que em quinze anos conseguiu "apenas" dois campeonatos, duas Copas FA e três Supercopas inglesas (mais uma Copa Uefa), e que colocou as bases para todas as vitórias futuras do Liverpool.

Depois de inventar e plasmar duas gerações de campeões – antes com Hunt, Yeats e St. John; em seguida com Clemence, Heighway e Keegan – em julho de 1974, Shankly se aposentou deixando os torcedores quase em estado de choque e causando as ameaças de greve pelos operários de uma fábrica. A comoção foi ainda maior quando em 1981 ele foi levado para o hospital de Broadgreen por causa de um ataque cardíaco. Naquela ocasião o técnico recusou ter um quarto particular, ele queria ser atendido nas salas comuns. Após a internação, todas as igrejas rezaram para a saúde do técnico. Quando correu a notícia da morte dele, o congresso trabalhista decidiu parar a sessão para homenagear Shankly com um minuto de silêncio e o grande Matt Busby (Fundador do Manchester United) ficou tão abalado que negou qualquer entrevista.

É engraçado como um técnico tão rigoroso com a ética individual e coletiva do time tenha deixado um patrimônio interminável de piadas e aforismos bem longe de serem politicamente corretas. Um exemplo disso é o fato de que contrariamente aos holandeses ele recusa a subordinação do resultado ("Se você chegar em primeiro você é o primeiro, se chegar em segundo você é nada"); outro exemplo é a resposta – arrasadora – que ele deu para o pedido de desculpas do goleiro Tommy Laurence depois de levar um gol debaixo das canetas ("Desculpe, chefe, devia ter fechado minhas pernas"): "Não, Tom, é a tua mãe que deveria ter fechado as pernas". Por isto, não surpreende que o aforismo mais desencantado e citado de todos os tempos seja dele: "Muitos acham que o futebol é uma questão de vida ou morte. Não concordo. Garanto que é muito mais do que isto".

E assim, não pode surpreender o fato de que o sucessor de Shankly, Bob Paisley, represente – mesmo para os mais entrosados no assunto – apenas um fragmento mnésico, um som sugestivo porém evasivo. Ele deve ser o técnico mais subestimado de toda a galáxia "futebol total", está sendo lembrado hoje em dia – depois das vitórias do Barça – porque ele é o único técnico do mundo que chegou a ganhar três *Champion's Leagues* (ou copas dos campeões).

No começo, Paisley ficou obscurecido pelo legado de Shankly. A ele faltava atratividade, não lançava provocações intelectuais, era uma pessoa reservada com um rosto proletário. Chegou ao Manchester United em 1939 para jogar na lateral do time. Veio do Bishop Auckland, equipe em que batia uma bola nas horas de folga do emprego de obreiro. Assumiu o cargo de técnico do time principal depois da Guerra (ele combateu junto aos "ratos do deserto" da VIII Armada de Montgomery, na África do Rommel e na Itália) após um período na direção do time B. Paisley, naquela época, era visto como um engraxador de chuteiras mais do que um treinador. Foi justamente Shankly quem o chamou para ser seu herdeiro – contra a vontade do próprio veterano – e por isto deve ter uma razão. E de fato, depois de um começo difícil com os jogadores (com umas mágoas guardadas), Paisley alcançou um objetivo ao qual o predecessor dele não conseguiu chegar, ou seja, montou a primeira grande máquina de "futebol total" inglês.

O núcleo de base é uma posse/troca de bola estilo "passa e corre", tal qual o ensinamento de Shankly ("os meus jogadores devem matar a bola, passar para o companheiro mais próximo e correr para a frente"): o restante é toda uma nova imissão. Provavelmente inspirado pelos resultados dos *orange*, Paisley tentou trazer para a Inglaterra uma posse de bola menos impressionista, o controle sobre o jogo e principalmente a movimentação constante. O resultado do transplante deu algo de inédito e anômalo. Pois os *reds*, na verdade, nunca conseguiram se juntar num sistema compacto e coerente baseado em *pressing*, impedimento e sincronismos automatizados; o estilo de jogo deles era mais composto por momentos alternados de *forcing* britânico canônico (apesar de ser mais rigoroso) com "descompressão" rítmica, vigilância e contenção ativa. Um exemplo desta elasticidade é a final (Roma, 25 de maio de 1977) da primeira Copa dos Campeões ganha pelo Liverpool contra o Borussia Möchengladbach – um time muito bom naquela época. As duas equipes eram muito dinâmicas, técnicas, filosoficamente "abertas" (ou seja, não especulativas); o Liverpool dominou a partida (3-1) justamente por ser mais organizado e plástico.

Em suma, Paisley trouxe mais "ciência" para o futebol inglês – tanto é que ele recebeu a láurea *ad honorem* justamente pelas disciplinas científicas – e também mais "consciência". Mais ciência não quer dizer apenas mais "tática" (afinal de contas já houve muitos táticos antes dele, a partir de *Chapman*), ele focou mais na preparação atlética dos jogadores, no planejamento e em aspectos de gestão de diversos tipos como, por exemplo, a capacidade de não "queimar" um jovem talento ou de alternar jogadores durante a temporada (o famoso *turnover* – rotatividade). E mais "consciência" não se refere apenas à canalização do aspecto atlético-agonístico num estilo mais organizado e equilibrado. O Paisley ensinou aos jogadores a "pensar coletivamente" e a ser psicologicamente "adultos". Se formos rever os jogadores do Paisley – goleiros como Clemence, defensores como Neal, meias como Case ou Ray Kennedy, alas como Dalgish, pontas como Heigway – o que nos impressionaria, mais do que a exuberância técnica, seria a consciência: pensar e jogar sempre em relação aos companheiros, ao adversário, à situação, às forças diferentes presentes no campo.

Um conceito tão alto do papel do jogador acaba com qualquer comentário banal do tipo: "com aqueles jogadores, até o massagista podia ser técnico". Esta é uma evidência de como é mais fácil apreciar a grandeza de um jogador depois que um técnico a alimentou e a trouxe para fora. Claro, a correspondência é biunívoca, pois o técnico também aprende a fazer melhor seu trabalho através dos bons jogadores: mesmo assim, continua sendo difícil compreender quanto a componente pedagógica é importante para a grandeza de um técnico. Durante os últimos anos no Liverpool, Paisley ainda conseguiu efetuar uma ótima troca de geração, trazendo jogadores estrangeiros por um custo baixo (o goleiro Grobbelaar), jovens do mirim (Wielan) e talentos ainda não reconhecidos (Lawrenson). E não podemos esquecer de que o Paisley plasmou o promissor Ian Rush.

Foi também graças a essa vocação didática que Paisley chegou a reunir um currículo tão impressionante: vocação sempre refletida – apesar dos rumores sobre a marra do "mastim do Yorkshire" – por uma sensibilidade de relacionamento rara. Quando ele morreu (depois de ser gravemente afetado pelo mal de Alzheimer), o técnico Brian Clough, bicampeão da Copa dos Campeões com o Nottingham

Forest disse: "Perdemos um grande homem, alguém que acabou de uma vez por todas com o mito de que uma pessoa gentil não pode ganhar nada".

O impedimento, detestado por quem ama o *catenaccio* e o contra-ataque – e em geral por quem ama as concepções clássicas de jogo – por ser visto como algo tedioso, é uma das componentes mais inovadoras e, em determinados casos, uma das mais espetaculares do "futebol total". Quando assistimos a uma linha defensiva fluir compacta e coordenada, avançando e voltando para "isolar" a progressão do ponta ou do meio-campista do time adversário, sentimos aparecer em nossos cérebros um *insight*, "uma revelação". É uma sensação ligada ao fato de que o impedimento utilizado dessa maneira é – mais do que qualquer outro mecanismo – uma manipulação do espaço: em poucos segundos (às vezes num só) uma ampla porção de campo esvazia, como se suspendesse o jogo.

Foi Guardiola quem introduziu a prática do impedimento no Barça. Nos times anteriores, especialmente com os holandeses (Cruijff, Van Gaal, Rijkaard), aparecia esporadicamente, em linha com as teorias de Michels. Guardiola, pelo contrário – alterando o método do Milan de Sacchi – integra o impedimento numa movimentação precisa da linha defensiva: uma linha que é composta por quatro jogadores apenas nas regressões (ou seja, raramente), pois geralmente os zagueiros são dois ou três nas fases construtivas (ou seja, quase sempre). Temos dois centrais (Piquè e Puyol) mais o Busquets que recua, enquanto os laterais defensivos (Alves e Abidal, ou Maxwell) avançam para o meio do campo. A premissa essencial para uma boa aplicação do impedimento – tanto para Guardiola quanto para Sacchi – é a proximidade da defesa junto ao meio-campo e deste, por sua vez, junto ao ataque. Somente desta forma é possível "isolar" um ou mais adversários quando o time se encontra em fase coberta (ou seja, com duas linhas de pressão fechando o espaço do adversário). Na fase descoberta (ou livre), o impedimento pode ser perigoso, pois quem está com a bola dispõe de espaço para se movimentar e servir os companheiros em penetração com facilidade.

Não foram os holandeses os verdadeiros criadores da prática do impedimento; foram dois "primos" da Bélgica, Raymond Goethals e Guy Thys.

O último – talvez o único – momento intenso de memória midiática com "Raymond La Science" – apelido que remete aos grandes "Raimundos" cientistas catalães, desde Lullo até Raimundo de Sabunda – é da dupla aparição no banco do Olympique Marselha nos dias 6 e 12 de março de 1991, na Copa dos Campeões, contra o Milan de Sacchi. O sobretudo abundante, o terno no limite do desleixo, os cabelos tintos de cor preta avermelhada brega, a caminhada desinteressada, os olhos verdes endemoniados presos numa moldura quadrada de rugas. Goethals conseguiu fazer com que o time dele jogasse exatamente da mesma forma que ele provocativamente havia anunciado na coletiva antes do desafio duplo. Misturando sinceridade e astúcia sacana, durante a entrevista ele reconheceu a capacidade do time de Sacchi, até comparando-o com a Holanda de Michels, ou seja, com "o melhor time que já apareceu num estádio de futebol"; e ainda afirmou que podia vencer os dois jogos apostando na inibição dos automatismos do adversário. Agora, é verdade que o Marselha confirmara mais tarde num tribunal de justiça as suspeitas que muitos observadores expressaram naquela noite em San Siro (ou seja, do time francês estar dopado); porém, sem dúvida além daquele momento histérico no pódio (basta lembrar Abedi Pelé, Pardo, Waddle), naquela noite deu para perceber na atitude e na disposição dos jogadores um "bloco em movimentação constante", que de acordo com Goethals é a única definição possível para um time "moderno". Os "marselheses" estavam mais encurtados e intensos do que os sacchianos, conseguiam dobrar ou triplicar a marcação em toda parte do campo, aplicavam o impedimento à perfeição. O time francês parecia ter a forma de um imenso bumerangue no campo. Mais o Milan empurrava o acelerador e mais – de acordo com o terceiro princípio da termodinâmica – recebia uma reação igual e contrária. Foi um tratamento homeopático inexorável (o parecido cura o parecido); ou, em termos de medicina tradicional, "um efeito paradoxal". Naquela noite, realmente, como diz Sacchi, eles receberam o justo troco.

O segmento "Marselha" – com que Goethals ganhou a Copa dos Campeões, não naquele ano, mas dois anos depois contra o Milan de Capello – é o último de uma trajetória coerente e satisfatória. Goethals foi jogador digno (goleiro com duas aparições na seleção) e treinador importante. Ele ganhou com o Anderlecht, na década de 70, uma Copa das Copas e duas Supercopas (troféus que na época tinham uma certa relevância) derrotando nada menos do que o Bayern e o Liverpool. No comando da seleção da Bélgica, semeou por oito anos os fundamentos de jogo que chegaram à completa maturidade com o sucessor dele, Guy Thyus. Um jogo que estava além da vanguarda, de solidez absoluta: basta lembrar que a Bélgica saiu na fase de chaves da Copa de 1974, justamente, cedendo a vaga para a *Laranja Mecânica* de Michels, apenas por causa da diferença de gols feitos. Teve de abandonar a Copa invicta e sem levar qualquer gol.

O segmento Marselha demonstra o tamanho da tática de Goethals, não diferente dos melhores mestres do "jogo à zona". Podemos dizer que representa uma constante, quase um padrão para determinados "gurus": diante da evolução histórica objetiva (ou uma involução, ou uma inércia) de uma tendência de jogo na Europa e/ou no mundo, ajustam e adaptam seu conhecimento teórico empírico aos novos contextos, sem excomungar as filosofias de base. Não precisa ser *dúctil* (conceito ambíguo) ou aceitar que o resultado seja mais importante do que a estética: precisa saber graduar e modular o teclado enciclopédico do conhecimento de acordo com os contextos e as situações. É por isto que Goethals no Marselha predispunha, dependendo do caso, um *pressing* altíssimo com uso sistemático do impedimento ou um recuo de estudo, o acercamento com posse de bola ou o contra-ataque linear.

E concluindo, o segmento "Marselha" confirma também a dimensão intelectual de Goethals. A cidade francesa é um lugar mais em sintonia com o técnico – charlatã, anarcoide, amoral – nela ele encontrou a possibilidade de expressar, até verbalmente, toda sua irreverência descarada: tanto com os colegas (a comparação entre o Capello e o Foggia do Zeman), quanto com o próprio presidente do Marselha (quando recusa escalar pela enésima vez o Dobrowolski, jogador que ele comenta ser mais apto para cuidar do jardim de casa do patrão). Ele era sacana consigo mesmo também ("O corpo é bom, mas o motor tem rodado muitos quilômetros"). Quando o velho Goethals se aposentou, não aparentou o menor ressentimento por tudo que ele aprontou, retirou-se cantando uma música da Édith Piaf.

Goethals encarna como ninguém a Bélgica francesa – ou valona – e o paralelo dele (e sucessor no comando da seleção) Guy Thys encarna perfeitamente o lado flamengo. É suficiente olhar para a imagem do rosto de pedra, quadrado e antigo dele. Remete de imediato para o *Outono da Idade Média* de Huizinga, as pinturas de Van Eyck e Van der Weyden, os enredos vocais gelados e luminosos de Ockenghem. Ou talvez remete para Anversa (lugar em que Thys nasceu em 1922) com as ruazinhas verticais e as casas cuspidadas como o chapéu de *Till Eulenspiegel*, o porto, os edifícios dos grêmios e dos curtidores. O rosto dele lembra também – retomando o assunto valões e franceses – as atmosferas mórbidas e destruidoras de alguns romances policiais de Simenon ou de Sanantonio (muito estimado pelo Thys), os cenários esquálidos e pequeno-burgueses, caraterizados pela mesma opacidade das periferias dos filmes de Dardenne.

Estes aspectos aparecem bem evidentes nos vídeos dos jogos disputados pela seleção liderada por Thys. Os times dele, de fato, por um lado, lembram o rigor, a ordem, a geometria, a euritmia dos mecanismos dos artistas e músicos flamingos; porém, também remetem, principalmente nos momentos mais fracos do desempenho da equipe, para cenários depressivos de um céu e uma cidade cinzentos. Trazendo os aspectos positivos e negativos do jogo de Thys da linguagem artística para termos mais técnicos, podemos afirmar que o modelo de jogo dele continha algumas contradições-involuções típicas dos mais recentes esquemas de "jogo por zona" italianos.

Os aspectos positivos são a capacidade de manter o time curto e compacto, o foco na coletividade mais do que no individual, a posse de bola voltada para a criação de espaço e o tempo para a jogada ofensiva. E, principalmente, um uso sistemático e harmônico do impedimento, um instrumento utilizado tanto para atrapalhar o contra-ataque adversário, quanto para desarmar a movimentação nas jogadas de bola parada. E além disso, no jogo de Thys encontramos laterais que avançam, tabelas dos pontas com os meias, a alternância de passes curtos e bolas longas para desorientar a marcação. O mecanismo em conjunto pode ser admirado em diversos jogos: entre outros, por espetacularidade e exemplaridade, é compulsório citar pelo menos a partida das quartas de final da Copa do México em 1986 contra a URSS (4-3 Bélgica na prorrogação), aquela contra o Uruguai na Itália em 1990 (3-1 contra Tabarez, com jogadas inesquecíveis) e todos os jogos daquele Europeu incrível em 1980 (também na Itália) em que a Bélgica perdeu apenas na final para a Alemanha.

Os aspectos negativos são praticamente representados pelas mesmas características: a posse de bola (como acontecia com Liedholm às vezes) pode virar estéril e se perder numa infinidade de passes sonolentos; o 4-4-2 dinâmico (como aconteceu muitas vezes com Sacchi) pode virar um 4-5-1 estático e obstrucionista; a adaptabilidade (ou seja, a capacidade de misturar defesa e ataque, zona e marcação) pode degenerar num utilitarismo bruto; o impedimento pode ficar monótono e frustrante (tanto é que Brera falava de "atitude defensiva flamenga"); e o próprio jogo por zona de construtivo e espetacular pode passar a ser taticista e conservador.

Thys conseguiu – como outros praticantes do jogo por zona – obter resultados e qualidade de jogo não contando com grandes jogadores, muito pelo contrário. Todo mundo lembra da Seleção do Europeu de 1980 (a predileta dele), de Pfaff e Gerets, Ceulemans e Ludo Coeck que morreu cedo demais num acidente de carro. E das seleções que se seguiram, com Preud'homme e Scifo. E agora, quem lembra de Albert, do grande lateral defensivo De Wolf, DeGryse, Emmers e Versavel, ou seja, dos jogadores plasmados pelo próprio Thys? Além de ser obcecado pelo impedimento, ele controlava por perto os jogadores mesmo longe do treino (colocava policiais para segui-los). Equilibrava a mania de controle com o uso frequente de uma ironia que o distanciava: certa vez encontrou o Renquin nu no corredor do hotel, que voltava para o quarto depois de uma fugidinha; as únicas palavras que ele disse foram: "Que calor hein?" Amava usar a mesma ironia – quando discutia módulos e esquemas – para apostrofar a incidência do caso em todo jogo.

O técnico vienês Ernst Happel tinha um senso irônico bem mais venenoso. Ele passou apenas três temporadas na Bélgica, mas mesmo assim deixou a marca (três campeonatos com o Bruges – mais uma final de UEFA e uma de Copa dos Campeões, ambas perdidas contra o Liverpool de Paisley – e mais um com o Standard Liegi), como aconteceu em todos os países onde ele trabalhou. Um técnico único e inclassificável, Happel é considerado um dos cofundadores do *totaalvoetbal*: a simetria com o Michels – principalmente durante o período que passou na Holanda – é óbvia, sendo que Happel ganhou a Copa dos Campeões com o Feyenoord antes do ciclo do Ajax e perdeu também uma final de Mundial na liderança dos orange (Argentina 1978, com os militares do regime cercando o campo).

Como aponta o currículo – dezessete troféus em quatro países – Happel foi um técnico-viajante, um pesquisador de futebol fortemente individualista, incompatível com projetos de longo prazo, correntes e escolas. Mais ou menos como Bela Guttmann e Mourinho, ele pertence a uma constelação oposta à de Ferguson e de Wenger. O núcleo da teoria de Happel, sem dúvida, pertence ao mais puro "futebol total" (a orquestração baseada em posse de bola e impedimento, os movimentos sincronizados e os atletas polivalentes); porém nele tudo acaba sendo integrado e variado por uma grande experiência comparativista, como se Happel fizesse confluir e misturar escolas táticas diversas, chegando até a integrar as antropologias dos países em que elas nasceram. Em face desta mistura, o fato de que o esquema de jogo dele previsse variações e exceções táticas não chega a surpreender muito, um pouco como acontecia com Goethals: exemplo memorável, a final da Copa dos Campeões em Atenas em 1983 ganha contra a Juventus. Que fique claro: naquele jogo, Happel não praticou de maneira alguma – como afirmam os magoados – "uma defesa exasperada", mas sim um jogo por zona rigoroso e granítico, talvez menos focado na pressão em cima do portador da bola e no uso do impedimento. Só que ele acabou ganhando graças a algumas intuições específicas: além de colocar Rolff na marcação de Platini, ele escalou Bastrup no lugar do desqualificado Hartwig. Esta medida foi decisiva, pois o lateral defensivo Gentile da Juventus (de acordo com a melhor tradição italiana) fica grudado no adversário seguindo-o pelo campo todo até quebrar o braço dele, enfraquecendo a linha Maginot de Trapattoni.

Um relato emocionante que ajuda a entender completamente o ecletismo do técnico é proposto pelo *Das Große Happel FußballBuch,* um misto de autobiografia, tática, treinamento e "truques". O "futebol Picasso" de Happel emerge principalmente nos desenhos das táticas, com homenzinhos estilizados em dezenas de variações ofensivas e defensivas, os movimentos (coletivos e individuais) traçados como se fossem a revelação de leis de física alienígena, as sessões de treino transcritas como as notas de uma partitura musical. Isto tudo é integrado, nas bordas, por anotações escritas com uma grafia que parece ao mesmo tempo infantil e gótica, um misto entre um ensaio da escola primária e a *bíblia* amanuense.

Happel, solene e autoritário (talvez por causa das raízes educacionais da juventude hitleriana), foi um dos técnicos mais disciplinados e maníacos (ele visionava três vezes o adversário e depois mandava um colaborador fazer a mesma coisa), com uma paixão para os aforismo, como Shankly. Junto ao *Fußballbuch*, ele escreveu um famoso "Código" de piadas, um grande exemplo de vigilância racional ("sou patriota, não idiota") e de paixão dissimulada ("um dia sem futebol é um dia desperdiçado").

Como outros técnicos-viajantes, Happel também fechou a carreira no país de procedência, treinando até o final: antes o Swaroski Tirol (com o qual ele ganha campeonatos e copas nacionais interrompendo o duopólio Rapid-Austria Vienna) e depois a Seleção. Naquele período, um câncer diagnosticado em 1986 o levou a pesar apenas quarenta e quatro quilos (ele costumava estar na casa dos oitenta), tanto é que as últimas imagens dele mostram um E.T. horroroso, com uma touca preta para cobrir a careca causada pela quimioterapia; o orgulho e a dignidade inalterados no olhar severo de gelo. A frase de despedida dele, na véspera do clássico Áustria-Alemanha (jogo que ele nem chegara a assistir), foi uma resposta que ele deu para um jogador que prometeu a vitória do time em nome do técnico, uma reação absolutamente coerente com todo pensamento dele: "Não, rapaz, a partir de hoje vocês precisam ganhar para vocês mesmos. Para mim é tarde, para mim é inútil".

Talvez mais do que a posse de bola e o uso tático do impedimento, o *pressing* não caracteriza – no imaginário coletivo futebolístico – apenas o "futebol total", mas em geral distingue o futebol "novo" do "antigo". De toda forma, o *pressing* não representa qualquer elemento de modernidade ou espetacularidade. Separada de suas integrações naturais – justamente a posse de bola e o impedimento – aparece como uma dinâmica isolada que pode ser adaptada para funcionar em diversas estratégias. Dentro de uma perspectiva defensiva, o *pressing* é uma ferramenta puramente obstrucionista, especialmente se for aplicada na metade de campo que pertence ao time que defende; numa perspectiva de espera "ativa", como acontece com Mourinho, o *pressing* "focado" – nos homens, nas zonas e nos momentos específicos do jogo – representa o começo de uma transição ofensiva progressiva.

O *pressing* não era uma componente forte do Barça nos últimos vinte anos: Rijkaard começou a praticá-lo, mas

Guardiola o acentuou e o sistematizou. Hoje em dia, os *blaugrana* usam o *pressing* como se fosse um segmento dinâmico integrado entre a posse de bola e o impedimento: funcionando especificamente como o "verso" da posse (o "lado obscuro" da posse), o *pressing* é uma ferramenta intrinsecamente ofensiva, voltada para a retomada imediata de uma posição "ativo-construtiva". A primeira equipe a praticar o *pressing* dessa forma foi o Milan de Arrigo Sacchi: porém, Guardiola conseguiu fundir ainda mais esta prática com a posse de bola, tornando as duas fases tão próximas que elas acabam se misturando.

Quem mesmo foi que inventou o *pressing*? Quem o harmonizou tanto com a "zona" que passou a representar uma nova maneira de respirar para os jogadores? Para responder a estas perguntas é preciso olhar para além da antiga "Cortina de Ferro" e entrar na constelação do socialismo real, mais precisamente na Ucrânia.

O artífice é um técnico, que até uns anos atrás era desconhecido e talvez ignorado, resgatado por Jonathan Wilson no livro *Inverting the Pyramid: Victor Maslov.*

Maslov pertenceu à geração-Shankly (nasceu em Moscou em 1910), foi apelidado de "vovô" pelos jogadores, tanto pela sabedoria (ou seja, pela inigualável doutrina futebolística), quanto pelo tipo de relacionamento familiar que costumava manter com o times, injetando uma confiança que acabava sempre sendo biunívoca; apesar disto, alguns (o grande Strel'cov, que foi preso pelo regime) lembram como Maslov às vezes continha as reações com as pessoas adversas, sem deixar transparecer a menor emoção. Ele foi um dos melhores jogadores da então recém-nascida Liga Soviética (meio sólido e autoritário, fazia bons lançamentos), começou e terminou sua carreira de técnico, circularmente, no Torpedo de Moscou (campeão com ele em 1960), mas focalizou e afinou sua "visão" na passagem de sete anos pelo Dínamo de Kiev, em que foi o predecessor de Lobanovskij. Aqui ele manifestou até qualidades de diplomata (gerindo o relacionamento com o Partido, sempre atento com a equipe fundada – inesquecivelmente – pelo KGB e o Ministério da Segurança Pública) e uma autonomia não negociável, como este episódio de fonte apócrifa evidenciou: ao receber a visita de um experiente funcionário do Partido durante o intervalo de um jogo com o Dinamo, Maslov teria dado uma resposta nesse tom: "Amanhã é meu dia de folga, eu irei até seu escritório e responderei a todas as perguntas que o senhor quiser; mas agora, por favor, pode sair e fechar a porta?"

Apesar da aparência opaca e reservada (gordinho, careca e com as sobrancelhas grandes), Maslov era intelectualmente sedutor e capaz de fornecer ensinamentos geniais e resolutivos, até nos últimos cinco minutos antes do jogo (com os nomes dos adversários todos errados). Não se poupava nas exortações sugestivas e retóricas, neste aspecto ele era parecido com Guttmann: "Hoje vocês precisam ser fortes como leões, rápidos como veados e ágeis como onças". De qualquer forma, debaixo desta camada aparentemente ingênua, o tamanho cognitivo da ideia de futebol deste homem foi arrebatador. O pensamento dele pode ser resumido em quatro inovações, tão importantes que podemos dividir a história do futebol, e não apenas do soviético, em "antes" e "depois" de Maslov.

A primeira inovação tem a ver com o módulo. Nos anos anteriores à atividade de Maslov, o 4-2-4 dominava o futebol da URSS, o ténico Gavril Kachalin (autor de um manual sobre tática entre os mais analíticos) praticando-o chegou a ganhar o ouro nas Olimpíadas e um título europeu. Trata-se de um módulo diferente daquele usado pelo Brasil de Feola em 1958 (que, por sua vez, é uma elaboração do modelo húngaro trazido ao Brasil por Guttman no período em que treinou o São Paulo) que foi usado até pelo sucessor de Kachalin na direção da Seleção, Beskov. Como outros técnicos ocidentais, Maslov entendeu que os quatro jogadores "avançados" (os dois pontas e os dois alas) tornam complicada a retomada de bola no meio-campo; por isto, mandou os alas voltarem e ficarem mais próximos dos volantes, porém sem castrar a criatividade do ataque. Nasceu, de fato, o 4-4-2.

A segunda inovação – hoje em dia óbvia – é a defesa em marcação "por zona", baseada nas aulas de futebol do Brasil de 1954 de Zezé Moreira. Mais difícil e contraintuitiva da marcação "por homem" – pois necessita de maior diálogo com os companheiros de setor e de uma organização bem feita para evitar o inconveniente da inferioridade numérica em determinadas situações – "à zona" foi recusada por técnicos valiosos como Morozov, que depois de testá-la (com resultados péssimos) preferiu remodular a URSS de 1966 (eliminada pelo Chile) inspirando-se na Inter de Herrera. Maslov conseguiu efetuar o transplante copiando umas coisas do basquete e colocando um meia "para quebrar as ondas" em frente à zaga. O primeiro opositor dos ataques adversários e o primeiro a ativar o contra-ataque.

A terceira inovação foi justamente a "pressão" sinérgica de dois ou mais homens no condutor de bola adversário, com a retaguarda que avança para "cobrir as costas". Para os soviéticos, esta inovação representou um verdadeiro choque: um jornal de Moscou naquela época exibiu uma foto com quatro jogadores do Dínamo pressionando um adversário e uma legenda sintomática que dizia: "Não precisamos deste tipo de futebol".

A quarta inovação é uma consequência das três anteriores: sendo que a zona-*pressing* necessita de um gasto de energia muito elevado, Maslov alterou radicalmente o treino, com sessões planejadas (impensáveis para o nível amadorístico) que Lobanovskij transformara em algo de obcecadamente cientifico. A eficácia dessa medida foi evidenciada por um dado estatístico brutal: o Dínamo do pré-Maslov era uma "peneira" que levou (em 1963) quarenta e oito gols em trinta e dois jogos; a de Maslov (em 1967) era um muro impenetrável, levou apenas onze gols na mesma quantidade de jogos (trinta e dois).

Apesar destes resultados, depois do fracasso na temporada de 1970 (encarada em condições precárias e sem jogadores substitutos), ele foi afastado do clube, entre as lágrimas (e a saudade) dos jogadores.

O sucessor, Valerij Lobanovskij, foi justamente o mais rebelde dos ex-jogadores de Maslov. Como jogador, o "Coronel" foi um ala esquerdo virtuoso e apaixonado pelo *banana shot* (chute com efeito). Parece que a incompreensão com Maslov derivava justamente do fato de que o técnico não curtia o hedonismo dos solistas. E o próprio Lobanovskij chegou a dar razão ao predecessor, afirmando que não gostaria de lidar, como técnico, com o tipo de jogador que ele mesmo foi.

Apesar da inegável continuidade, os dois técnicos são completamente diferentes, a dizer a verdade: um nasceu em Moscou, o outro em Kiev; um foi um russo passional aberto para a Europa e para o mundo, o outro um ucraniano-soviético gelado no sentido fortemente identitário; um foi dialético até o extremo (permitia aos jogadores a recusa à substituição), o outro autoritário, até chegar a negar a autonomia mental dos jogadores: houve uma vez em que um jogador ousou expressar sua opinião durante um treinamento ("Estava pensando que..."), e Lobanovskij respondeu com frieza: "Não pense, eu penso para você, você joga".

O posicionamento de Lobanovskij, em comparação com Maslov, seria numa dimensão parecida mas paralela, ou talvez até alternativa. O ucraniano era a expressão antropológica e cultural de seu país, como Michels foi da Holanda. O futebol que ele praticava parecia por um lado (com as férreas dinâmicas de equipe) com a aplicação intensa do coletivismo dos *kolkhoz* agrários ou da arquitetura funcionalista soviética, dividida entre o cinza espartano e as expressões exuberantes do futurismo; pelo outro (com a obsessão algébrico-matemática) parece uma emanação do abstratismo visual de Kandinskij ou das equações do quase homônimo Lobacevskij, o matemático que descobriu as geometrias não-euclidianas. No final das contas, apesar do dualismo, a ciência acabou prevalecendo, porque o bombeiro Lobanovskij – criado com os mitos do Sputnik, da cibernética e dos primeiros computadores soviéticos – sempre se achou um cientista duro e puro, especializado em futebol, e sempre procurou ter à sua volta colaboradores como o bioengenheiro Anatoly Zelentsov.

Apesar da importância de focar na posse de bola, no *pressing* e no impedimento, Lobanovskij sempre concentrou sua atenção em outros princípios-chave do "futebol total": em particular na polivalência do atleta e na didática quase pavloviana dos esquemas e mecanismos de jogo. A polivalência (técnica e tática) era obrigação de todos os jogadores, até dos craques Blochin e Belanov; a didática (nas mãos do biofísico e neuropsiquiatra Zelentsov) visava fazer com que todo jogador "soubesse para quem passar a bola antes de estar com ela" e que o time soubesse "como, onde, quando atacar ou defender". Para alcançar seus objetivos, Zelentsov utilizou duas ferramentas inovadoras: testes quantitativos (com videogames no estilo do *Pacman*) sobre reatividade, resistência, memória de posicionamento e coordenação do atleta (parece um pouco com o Doutor Strangelove do filme de *Stanley Kubrick*); e principalmente as estatísticas depois dos jogos, com uma planilha de dados individuais e coletivos (bolas perdidas e recuperadas, em quais áreas do campo, corridas sem bola, passes curtos ou longos, porcentagens de erro). Apesar de negar – em parte erradamente – uma robotização dos processos, Zelentsov (como todo soviético convicto) considerava os jogadores como peças de xadrez, que precisam ser readaptadas a cada variação do tabuleiro.

Houve muitas ocasiões em que modularidades dinâmicas parecidas ficaram gravadas na memória, porém, entre todas, é compulsório citar duas que aconteceram em 1986: a final da Copa das Copas conquistada pelo Dínamo Kiev contra o Atlético Madrid do técnico Aragonés (3-0); e o jogo das quartas de final do mundial mexicano perdido na prorrogação (um 4-3 histórico) pela Bélgica do Guy Thys. O que mais impressionou naqueles dois jogos foram principalmente as transições rapidíssimas e automatizadas nos lados fracos do adversário (ou seja, onde havia menos densidade de jogadores) e as progressões coletivas em "corrente" horizontal como acontece no rugby.

Numa das últimas entrevistas à revista *France Football*, "o coronel" previu a configuração de um futebol cada vez mais rápido, mais atlético, mais duro, em que o jogador dispõe de tempos cada vez mais breves para pensar. Era uma constrição que o deixava estimulado e com vontade de encontrar novas soluções; como estimula hoje em dia – no auge do processo – todas as equipes de "futebol total".

O fenômeno Maslov e Lobanovskij aconteceu em Kiev, cidade monumental com história estratificada, em que o sufocante aglomerado industrial ainda é caracterizado pelo ouro de algumas cupolas ortodoxas, eco residual de uma magnificência medieval – com quatrocentas igrejas – pela qual Kiev já foi comparada com Bizâncio. E o Dínamo, então, entrou para a história por causa do famoso jogo dos "prisioneiros de guerra" contra os nazistas: partida em que a derrota dos russos estava combinada anteriormente (para alavancar a propaganda ariana) mas que os prisioneiros quiseram ganhar de toda forma, apesar das nefastas consequências.

Na vizinha Eslováquia há uma cidade chamada Trnava, aos pés de uma serra, em que o branco das igrejas e dos mosteiros (daí o apelido de "pequena Roma") acaba se amalgamando com a cor albina dos longos invernos. Aqui, a partir da década de 60, começa uma história desconhecida como o cenário em que acontece: uma história (ou uma visão) que é possível conhecer apenas pelas fendas dos livros de memórias, lá no fundo, atrás da fria ratificação dos resultados.

É a história do Spartak Trnava, cujos jogadores (apelidados de "anjos brancos" apesar das cores rubro-negras do time) representam a avanguarda do futebol europeu.

Começamos pelo ponto apoteótico, em 24 de abril de 1969, quando houve o jogo de semifinal da Copa dos Campeões entre o próprio Spartak e o Ajax de Michels e Cruijff; copa atribulada pelas tensões e as ameaças de boicote causadas pela invasão soviética na primavera anterior. No jogo de ida, o Ajax ganhou por 3-0 em Amsterdã, graças a dois frangos do goleiro Geryk. Apesar disto, o "general" não estava tranquilo: "O Spartak joga um futebol moderno. É melhor que o Dukla". Efetivamente, os eslovacos chegaram até a semifinal disputando um torneio exemplar: especialmente em casa, 4-0 no Steaua e 7-1 nos finlandeses do Reipas Lahti, a única hesitação foi o 2-1 contra o AEK de Atenas por causa do campo encharcado pela chuva e seco com uma enorme quantidade de areia jogada do alto por um helicóptero – uma medida que matou o jogo rápido do

Spartak. O estádio do time, de fato, sempre representou uma fortaleza, o Spartak ficou invicto nele desde maio de 1966 até a primavera de 1974: "os nossos torcedores – lembra um dos sobreviventes, o ponta Josef Adamec – exigiam uma vantagem de dois ou três gols na primeira meia hora de jogo".

O Spartak preparou-se para conseguir uma virada impossível naquela noite: as arquibancadas do estádio ampliadas, lotadas, a atenção dos jogadores focada nas jogadas do Cruijff (que de fato saíra lesionado quase imediatamente), um plano tático de *pressing-forcing* de cortar o fôlego. A lição (visível por algumas sequências no YouTube) foi memorável: um 2-0 que infelizmente não foi suficiente para chegar à final, mas que foi praticamente um monólogo com quinze escanteios a favor e zero contra, dezenas de oportunidades para fazer gol, duas defesas em cima da linha de Suurbier e dois milagres nos últimos minutos do goleiro Bals, que afirmara – falando por todos os companheiros – que nunca esperou tanto ouvir o apito final do árbitro. E Michels, por sua vez, acabado disse: "Achei que fôssemos para a final mas nunca pensei que íamos sofrer tanto assim".

Como é que o Spartak conseguiu chegar até aquele jogo, pertinho da final, em seguida ganha (4-1) pelo Milan de Rocco? De onde veio aquele 4-2-4 dinâmico e rapidíssimo, bola no chão, "passe e corra", com trocas laterais e superposições?

O artífice foi o treinador-pai (ou melhor, "tio") Anton Malatinský, e o nascimento da equipe lembra em parte a do Ajax de Reynolds. Depois de juntar o time em 1963 na segunda divisão, Malatinský foi preso por ter ajudado a fugir uns emigrantes dissidentes. Ele mandou uma carta para o clube desde a cadeia: "Mantenham os jogadores. Daqui a uns anos eles vão ser campeões". Quando o libertaram, ele manteve a promessa: levou o Spartak para a primeira divisão e depois de algumas colocações progressivas (décimo, sexto e terceiro lugar) chegou a ganhar o campeonato em 1968. Este título marcou o começo de um ciclo que frutou ao Spartak, mesmo sem a presença do Malatinský – ele pediu demissão no verão de 1968, depois da Primavera de Praga e antes da primeira Copa, disputada pelo Ján Hucko –, mais quatro títulos, ou seja, um pentacampeonato em apenas seis anos.

Nas memórias do defensor Karol Dobiaš, Malatinský é um técnico metódico e severo. O modelo de recrutamento do time é parecido com o de Jock Stein no Celtic, que derrotou a Internazionale de Milão do técnico Herrera, na final da Copa dos Campeões de 1967, escalando onze jogadores autóctones: o "tio" – que conhece todos os jogadores procedentes de um raio de cinquenta quilômetros da cidade de Trnava – chama os mais promissores e entende imediatamente quais seriam funcionais para o projeto. O treinamento é taticamente duro e rigoroso: corrida, mentalidade construtiva de ataque, as combinações repetidas até a perfeição. Em particular as correntes de "passa e corre" com movimentações sem bola e as subidas dos laterais defensivos (além de Dobiaš e de Hagara), verdadeiros arquétipos das progressões do Dani Alves e do Abidal.

Principalmente, uma disciplina que beira o sadismo. "Quando cruzava com ele na rua, eu mudava de calçada", lembra Dobiaš, que conta outro episódio interessante: "Um dia, cheguei primeiro ao treino que estava marcado no topo de um morro coberto de neve e resolvi escavar uma trilha para os companheiros. Subimos e descemos duas vezes: eu sofria como um cachorro, um companheiro estava sangrando pelo nariz, mas o técnico nos mandou repetir o exercício mais uma vez. Se eu estivesse com uma arma naquele momento, teria dado um tiro nele!"

Apesar disto tudo, existe uma foto em preto e branco, justamente do acervo Dobiaš, que evidencia quanto este técnico se sentia unido com a equipe. O time procede em direção ao objetivo: mais uma vez a neve, prédios anônimos, um treinamento a ser encarado: os "anjos brancos" têm traços eslavos, estão pensativos mas sorriem, uniformizados com sobretudos escuros, botas grossas (cobrindo as calças) da mesma cor das toucas de pompom e umas bolsas pesadas. Na ponta, o técnico-demiurgo. Parecem estar marchando para conquistar um lugar na história do "futebol total"; ou talvez, simplesmente, na nossa memória.

NUMA REDE DE LINHAS INTERSETADAS
O "novo futebol total" e o Barcelona antes de Guardiola

> "Da piccolo, a Praga, mi dissero:
> 'prendi quella posizione' e non 'prendi quell'uomo';
> da quel giorno, non ho più cambiato idea."
> Zdeněk Zeman

Talvez a melhor maneira para compreender realmente a incidência, em termos de perspectiva, do "futebol total" nos outros tipos de futebol – principalmente nos defensivos – seja através das bactérias.

Já foi comprovado que, hoje em dia, um dos problemas crescentes da farmacologia é a "resistência aos antibióticos" de determinadas colônias bacterianas: ao injetar o antibiótico, as bactérias desenvolvem imediatamente a resistência.

Temos duas teorias para explicar tamanha plasticidade adaptativa: a primeira é de Lamarck (chamada de "instrucionalista"), baseada no esquema estímulo-resposta: de acordo com esta visão, a estrutura do próprio antibiótico estimula as bactérias que acabam mudando para sobreviver. A segunda é darwiniana (chamada de "selecionista", que claramente remete para a seleção natural) e considera que as bactérias estejam num estágio de mutação constante independente de qualquer injeção de antibiótico; neste caso, seguindo o critério selecionista, as bactérias conseguem identificar a mutação mais eficaz somente num segundo momento. Muitas experiências controladas, feitas a partir da década de 40 do século passado (como as do Prêmio Nobel italiano Salvador Luria), comprovam que a segunda teoria está certa. O fator determinante para esta dinâmica é o "reconhecimento": o fato de que as bactérias conseguem "memorizar" a estrutura do antibiótico em previsão de novos ataques.

Este esquema selecionista pode ser reencontrado – em perfeita simetria reversa – nas ações do nosso sistema imunológico: os anticorpos também encaram a invasão dos agentes patógenos num borbulho de mutações constantes e independentes; e também memorizam (e em seguida reconhecem) a estrutura do vírus ou de uma bactéria, depois de ter selecionado a mutação eficaz.

Esta dinâmica representa o melhor exemplo para entender a lógica implícita da visão darwiniana: os seres vivos (desde o menor até o maior) não "respondem" aos estímulos ambientais, encaram cada solicitação com um leque de "propostas" a serem selecionadas com base no critério da eficácia adaptativa, e, em seguida (após a memorização), transmitidas pelos genes.

Comparar o modelo lamarckiano (instrucionalista) com o darwiniano (selecionista) ajuda a esclarecer as atitudes diferentes apresentadas pelos dois tipos de futebol: o passivo-defensivo e o ativo-construtivo-ofensivo. O primeiro modelo (esquema estímulo-resposta) age principalmente com base no adversário, desde o momento da preparação do jogo; o segundo define sistema e estilo de jogo prescindindo do adversário; o primeiro "responde" aos golpes do outro (por exemplo mudando a marcação ou colocando mais atacantes), o segundo deixa-se conduzir pelas variações implícitas do sistema. Claro que existem sistemas mistos: Mourinho, por exemplo (o mais inovador de todos, com um modelo de treinamento neurobiológico voltado para a metabolização dos "princípios de jogo"), considera a tipologia do adversário e ocasionalmente propõe ajustes específicos durante o jogo, como já acontecia com Goethals e Happel. Afinal praticar um sistema ou um estilo coerentes não é suficiente para garantir uma eficácia absoluta: o surpreendente futebol "pavloviano" de Lobanovskij era mecânico demais, com os jogadores presos por esquemas e automatismos e, consequentemente, pouco flexíveis na interpretação das contingências. O que mais importa é a plasticidade interna do sistema: um equilíbro entre os automatismos e a interpretação das necessidades específicas do momento. Maior o número das variações preexistentes (de "propostas" em termos biológicos), mais rápida e ágil é a adaptação da equipe.

A harmonia perfeita entre as duas partes não foi alcançada na primeira fase histórica do futebol total; fase que terminou – se quisermos colocar uma data histórica – com a final da Copa Europa de 1988; Holanda contra URSS (2-0), o "general" Michels contra o "coronel" Lobanovskij. Apareceu – pela primeira vez – no país menos esperado, a Itália, país que colecionou vários troféus (com seleção e clubes), mas que, por tradição, joga um futebol baseado em "defesa e contra-ataque". Estamos falando do Milan de Arrigo Sacchi, que foi campeão na Itália no mesmo ano do Europeu (1988) citado anteriormente e que ganhou a primeira Copa dos Campeões (4-0 no Steaua Bucarest no Camp Nou) no ano seguinte.

A revelação da revolução aconteceu no dia de Milan-Napoli (4-1), jogo de ida do campeonato de 1988, havia um sol frio de pleno inverno que cortava as geometrias e as cores gerando a ilusão ótica de uma imagem digital. De um lado uma equipe (o Napoli) completamente entregue ao princípio áureo do "um contra um", tanto para a fase defensiva quanto para a fase de ataque (com jogadores como Maradona, Careca e Giordano). Do outro lado uma equipe que se mexe com um sincronismo plástico e homogêneo, inédito e inexplicável: na fase de posse de bola, três ou quatro jogadores soltam-se da marcação para oferecer opções de construção ao condutor da bola; na fase defensiva, três ou quatro jogadores se juntam, como pó de ferro atraído por um ímã, pressionando o adversário sempre em superioridade numérica. O efeito daquilo tudo foi desnorteante, como de todas as mudanças culturais. Em termos artísticos, foi como mostrar uma pintura de Pollock para um público que foi criado com as obras de Raffaello e Michelangelo. Em termos mais realísticos, foi como tocar Keith Jarrett para um público acostumando com Noel Rosa. Ou – citando a analogia musical de Michels, usada em diversas ocasiões pelo próprio Sacchi – foi o nascimento de um time "polifônico", nada casual por alguém que nasceu na mesma cidade do Arcangelo Corelli, um gênio da polifonia instrumental, fonte de inspiração para Bach.

Naquele ano e principalmente no ano seguinte, Sacchi deu muitas "aulas de futebol" para o mundo. As mais importantes foram na Copa dos Campeões, dois jogos contra o Real Madrid e a final contra o Steaua Bucarest; e no campeonato entre outros belos resultados, teve um Milan-Juventus que acabou 4-0: raramente apareceram times alimentados por tanta criatividade coletiva; com uma relação tão divina entre velocidade de pensamento e precisão de passes, ou entre a naturalidade de execução dos mecanismos ensaiados no treino e a interpretação dos mesmos durante o jogo. Naquele furor geométrico, dava para sentir direito toda a substância da concepção de Sacchi: uma fusão de elementos que não pertenciam ao genoma futebolístico italiano (zona, *pressing*, impedimento, movimentação sem bola) levados, como nunca havia acontecido antes, ao extremo da velocidade de execução e de precisão nos detalhes.

Para conseguir este resultado, Sacchi teve de insistir em elaborar os aspectos antropológicos de uma nação, além de trabalhar as componentes técnico-táticas e agonísticas da equipe. A tarefa não foi fácil, apesar do Milan ter passado anteriormente pelos ensinamentos táticos pouco italianos de um dos mestres do "jogo à zona", o sueco Nils Liedholm. A revolução de Sacchi passou por diversos níveis. O trabalho de mudança começou pelo nível ideológico-filosófico, com a troca do "culto pela jogada individual" para a cooperação. No plano psicológico, o trabalho focou na consciência e na maturidade dos jogadores, elementos de avaliação que passaram a ter a mesma importância que a qualidade técnica. No nível psicológico-filosófico o Milan adquiriu uma nova "mentalidade" (por exemplo, a questão de encarar da mesma forma todos os jogos, tanto em casa quanto fora). No plano didático-pedagógico, apareceram novas técnicas de aprendizagem e assimilação dos esquemas e movimentos. E no nível atlético, Sacchi intensificou o treinamento, conferindo maior importância ao papel do preparador físico *(Trainer)*. Trata-se, em suma, de uma revolução que trocou sistematicamente o empirismo pelo método e a improvisação pela programação.

Estas novidades reverberaram fortemente, ao longo dos anos, no inteiro movimento futebolístico italiano (visto que, além de estimular muitas imitações, o modelo de jogo de Sacchi mexeu com os esquemas de todos os estilos mais tradicionais); chegaram até a alterar os conceitos e as palavras de sempre, inspirando os neologismos geniais de Gianni Brera ("líbero", "volante", "marcação", *"catenaccio"*) além das novas nomenclaturas técnicas ("time curto", "diagonal", "corte", "superposição", "saída de bola").

Apesar de Sacchi ganhar importância e reconhecimento no exterior, na Itália a imprensa e a opinião pública começaram a demonizar o técnico, que recebeu acusações de todos os tipos. Algumas (como aquela de que chegaria a ganhar títulos simplesmente por ter grandes campeões e muita sorte) são típicas conversas fiadas de boteco, tanto é que ninguém se esforçou para procurar evidências plausíveis para sustentá-las (o Milan ganhou nas copas europeias contra os times ingleses porque estavam desclassificados por causa da violência dos *Hooligans*). Outras (como aquela de que Sacchi teria simplesmente "acabado com o futebol") são mais radicais e difíceis de explicar.

A aversão a Sacchi, de fato, não vinha apenas da esquerda: daquelas pessoas que viam nele o prolongamento submisso do patrão Berlusconi e ainda consideravam o futebol dele a projeção da ideologia Fininvest (grupo empresarial italiano envolvido em inúmeros escândalos de corrupção) e por isto, uma ferramenta de manipulação eleitoral. Na verdade, este tipo de crítica – apesar de ter um fundo de verdade – leva a um paradoxo violento: o futebol de Sacchi (o foco no coletivo, na cooperação, na ética grupal) é muito mais "socialista" do que qualquer outro futebol baseado na divisão entre "estrelas" e "peões", nas jogadas individuais; um futebol que vê os fominhas como algo de folclórico que precisa ser aceito.

As frentes estavam unidas contra o técnico, reacionários e progressistas protestavam juntos, dizendo que o futebol dele "parecia mais com rugby" e que o esquema, geométrico demais, cortava a cabeça dos fantasistas. No fundo, o que mais pesava era a hostilidade antropológica contra o método e a disciplina: hostilidade que uma tradição veterana humanística (lírica, melodramática, nostálgica) sempre sente contra a ciência, considerada – no lugar de uma expressão da cultura – algo que acaba matando própria cultura. A Itália é o país de Galileo, Marconi, Fermi, de Levi-Montalcini; porém prefere ser o país de Verdi e de *O sole mio*. Uma ideologia como esta, obviamente, se baseia num acordo intelectual entre mídia e leitores, podemos até dizer num amplexo subcultural: é mais fácil exaltar um gol de bicicleta do que um que veio de uma troca de dez passes com bola no chão e movimentações sincronizadas.

É claro que não podemos dizer que o relacionamento entre Sacchi e Berlusconi não fosse algo desconfortável e questionável. Tudo nasce de uma componente muito importante da personalidade do técnico: o senso de gratidão. É importante dizer que a diretoria do clube demonstrou habilidade na hora de compor o time: foi o presidente quem intuiu o talento de Sacchi (quando viu o técnico, na direção do Parma, derrotar o Milan em San Siro num jogo da Copa Itália); e foi ele – com visitas constantes no vestiário – quem defendeu o treinador quando o time, no começo da implantação, parecia rejeitar os novos métodos. E por isto mesmo a dívida do técnico com o presidente virou rapidamente submissão: e Sacchi – que parece não perceber que a gratidão entre patrão e contratado deveria ser recíproca por causa dos ótimos resultados alcançados – não perdia chance para elogiar, sem motivação aparente, o trabalho de Berlusconi. Na maioria das vezes ele exagerava nas apreciações. A separação entre os dois aconteceu, surpreendentemente, em 1994, ano em que Sacchi se aposentou – depois de dirigir a seleção italiana na Copa do Mundo dos Estados Unidos – e o presidente do clube entrou no mundo da política, lançando as bases para a construção de uma imagem pública não menos controversa. Engraçado como, a partir daquele momento, o conceito de Sacchi começou a subir no mundo inteiro, por exemplo com o Milan consagrado pela revista *France Football* como um dos melhores times de todos os tempos; enquanto Berlusconi, aos olhos de todos, se torna um autocrata ridículo, perfeitamente descrito pelo título na capa do *Economist* como "The man who screwed an entire country" (O homem que "ferrou" um país). Melhor deixar esta discussão para outro livro.

De toda forma, falar mais sobre a submissão de Sacchi significa somente obscurecer a sensibilidade ética do técnico, um rigor moral inseparável do tático. O senso da proporção ("o futebol é a coisa mais importante entre as coisas com pouca importância"); o senso de desconforto diante das influências da economia no futebol (depois do assassinato do colombiano Escobar, durante a Copa do Mundo de 1994, foi o único a defender a possibilidade de "suspender o torneio"); a profundidade e o cinismo de algumas análises (depois da morte de Andrea Fortunato, apenas vinte três anos de idade, promessa do futebol italiano, respondeu para um jornalista que perguntou se o jogador havia deixado um vazio na vida dele: "quem morre sempre deixa um vazio, mas na maioria das vezes a gente não percebe"): são todos aspectos de uma predisposição para evitar amoralismos e banalismos.

Depois da revolução no Milan, a vivência na seleção foi descontínua e sempre avaliada de maneira não muito generosa. Do ponto de vista dos resultados, o fracasso do Europeu de 1996 é compensado pelo bom resultado na Copa do Mundo de 1994, jogada em condições climáticas desfavoráveis para o esquema sacchiano dinâmico e ofensivo (temperatura e umidade altíssimas). Quanto à própria qualidade de jogo, foi um sobe e desce entre partidas cinzentas e bons desempenhos, como o amistoso contra a Holanda (2-3) em Eindoven, em que Sacchi derrotou "seus" jogadores do Milan (Gullit, Van Basten, Rijkaard) depois de levar um 2-0 no primeiro tempo.

Depois da seleção começou a extenuante trajetória de decadência, em que apareceram as dívidas nervosas acumuladas nos anos anteriores. Como uma vela queimando pelos dois lados, Sacchi não aguentou mais a pressão agonística. Todas as vivências posteriores se tornaram um fracasso: a patafísica volta ao Milan, a passagem breve (oito meses) pelo Atletico Madrid (em que ganhou um jogo incrível no Camp Nou, porém logo em seguida largou o emprego e o salário de cinco milhões de euros) e a última tentativa no Parma, onde fechou a carreira atribulado pelo pânico e as distonias nervosas. É um epílogo coerente com o começo das atividades no Milan. Como Carlo Ancelotti conta na linda autobiografia (*Prefiro a Copa*, clara *referência* gastronômica no título), os treinamentos do primeiro Milan foram traumatizantes ("Não conseguíamos subir as escadas que levavam para nossos quartos... queríamos chorar... parecíamos um grupo de zumbis...") e os jogadores tinham de estudar os esquemas até de noite, com desenhos de jogadas pendurados nas paredes dos quartos; toda esta obsessão do técnico era sentida mesmo à noite, quando Sacchi durante o sono gritava invocações táticas: "A diagonaaaaaaal!", e também: "volta, volta, voltaaaaaaaaa".

Hoje em dia, depois de trabalhar como DT no Parma e no Real Madrid, Sacchi é comentarista e editorialista com uma forte propensão didática, a mesma que usou com todos os jogadores: não é por acaso que Ancellotti e Donadoni se tornaram ótimos técnicos (sem falar do Tassotti, que há dez anos trabalha como vice do técnico do Milan) e que Rijkaard protagonizou a revolução do pré-Guardiola.

Sacchi sempre reforçou o conceito pedagógico de "cultura da derrota", referindo-se à importância de reconhecer a superioridade do adversário. Depois do Mundial nos Estados Unidos, de volta à Itália, ele afirmou várias vezes – mesmo não faltando justificativas plausíveis – que o Brasil foi o melhor time. Não podemos esquecer o longo abraço que ele deu em Franco Baresi que chorava no campo, desesperado depois da derrota em Pasadena: do lugar mais baixo – o do derrotado – Sacchi estava demonstrando a extrema altura de sua visão de jogo e de vida.

No mesmo ano em que Sacchi ganhou o Scudetto com o Milan, Johan Cruijff começou sua revolução de técnico na Catalunha, vindo – como já tinha acontecido quando ele era jogador – de um período na direção do Ajax. Não foi uma "reforma", ele criou algo de *completamente novo*, graças também à atitude do presidente Núñez, que depois de um motim dos atletas (acontecido no Hotel Hesperia) por causa de uma questão ligada aos tributos salariais, demitiu doze jogadores. O goleiro Zubizarreta foi um dos poucos sobreviventes: o presidente do Barcelona investiu 2 milhões de pesetas para renovar o time que passou a contar com Soler e Bakero, Eusebio e Begiristain, e, em seguida, com Koeman, Laudrup e Stoičkov.

Cruijff trabalhou principalmente a mentalidade e a cultura do clube: como lembrou Valdano – um *blaugrana* que por engano acabou jogando no Real Madrid – o técnico insistiu desde o começo na organização do trabalho, no gosto estético do público, na autoestima e no orgulho dos jogadores e de todo o ambiente: foi uma injeção de arrogância saudável, de um pensamento maximalista. O mesmo que influenciou o núcleo profundo do Barcelona de Guardiola.

A única continuidade apoiada pelo holandês foi com a semeadura do mentor Buckingham e do mestre Michels. Deste último ele retomou também a luta contra os "urubus" da diretoria, usando a contraposição time/gerência (o famoso inimigo comum) para dar mais unidade ao grupo. A oposição à diretoria serviu principalmente para evitar intromissões indébitas: inspirado por Maslov, falava com a diretoria sem diplomacia: "Se vocês quiserem falar comigo eu irei até o escritório, vocês não precisam vir para o vestiário". A oposição de Cruijff na verdade vinha de um desconforto muito mais radical, como demonstraram os diversos ataques pessoais ao Núñez: "Pessoas como ele querem ser presidentes não por amor ao futebol mas por amor a si mesmas".

Entre outras coisas, Michels representou também o norte da filosofia-tática de Cruijff. No livro *Me gusta el football* ele retoma todos os fundamentos conceituais do mestre, começando pela importância formativa das peladas (*Voetballstraat*) e do futsal didático. A dizer a verdade, Cruijff, diferentemente do mestre, prefere os jogos de 6 contra 6 (com o goleiro que não pode arremessar a bola além da linha do meio de campo) ou as peladas nos estacionamentos, pois o cimento duro assusta mais os jogadores que precisam então ganhar mais "senso de posição, controle de bola, velocidade e concentração". Enfim, precisam "pensar mais rapidamente", premissa fundamental para um futebol que pretende antecipar a sequência dos eventos. Cruijff não tem paciência com os técnicos "diplomatas": desviados pelo desenvolvimento de carreira, acabam visando mais a lógica do *resultado* do que a da *aprendizagem*, cultuam mais a *tática* no sentido pior (mecânica e castrante) do que a técnica como ferramenta de autoconsciência, prazer ou descoberta das dinâmicas do campo. Um técnico – desde o mirim até o time principal – deve "guiar" e não "proibir".

Para Cruijff, a técnica é o princípio que domina todos os outros.

A base de tudo é o fundamento áureo inglês ("controle e passe"), levado até o extremo ("como tocar a bola, com que parte do pé, em que posição") e enriquecido pela componente temporal (passar "sem errar e na hora certa"). Cruijff, para evitar equívocos, desmitifica o lado romântico dos *orange* esclarecendo que "a criatividade não briga com a disciplina", que "no Ajax a liberdade era contida por um esquema" e que "se alguém for para a frente, alguém vai ter que voltar", enfim, desiludindo quem pensa que o rigor pode dar lugar à anarquia.

O livro de Cruijff contém todos os ensinamentos específicos – e personalíssimos – colocados na prática pelo *Dream Team*. Como, por exemplo, o fato de que os meias não devem passar imediatamente a bola para os alas "como se ela estivesse queimando", mas precisam pensar na situação antes de dar o passe (podem driblar, podem passar a bola para trás). Bakero e Guardiola, no campo de futebol, atuavam mesmo como prologamento das palavras do técnico. Ou continuando com os alas, Cruijff orquestra cada movimentação deste papel com o objetivo de não congestionar espaços e tempos (mandando os jogadores "não esperar a bola parados" ou "não recuar quando estão marcados por um adversário"). E assim o Barcelona dele contou com a linda movimentação externa de Laudrup, de Begiristain ou de Stoičkov depois do "tratamento" *blaugrana*; e seguindo, estabelece que a "distância máxima que um jogador deve percorrer é de dez metros", dita uma sintaxe para a equipe cujo objetivo (lembram de Shankly?) é a "respiração": uma sintaxe que reencontraremos nos Barças de Van Gaal, Rijkaard e Guardiola.

A caraterística complexiva – ao mesmo tempo ponto forte e fraco da equipe – remete para o pilar central da filosofia de Cruijff: "o futebol é criação e não redução dos espaços". Um conceito que recusa qualquer atitude obstrucionista: não aceita a atitude defensiva (e da linha recuada) e não aceita o *pressing*. É por isto que ao falar mal do futebol italiano (baseado no "medo de perder", na baixa técnica, num *mix* de força e esperteza), o holandês não consegue enxergar a excepcionalidade do Milan de Sacchi. Para Cruijff a pressão deve ser feita "em cima da bola e não do jogador", ou seja, a prevenção do contra-ataque adversário precisa acontecer através do "posicionamento": uma presença dinâmica e constante é mais importante (o autor usa a palavra *elegante*) do que as agregações de dois, três ou quatro homens para cima do condutor de bola adversário.

Consequência disto tudo, o *Dream Team* de Cruijff parece – comparado com o Barça de Guardiola, em particular o de 2011 – um time que atua pela metade ou monofásico: se a posse de bola (mesmo sendo eficaz e eurítmica) não tiver sido antecedida por um *pressing* adequado na fase sem bola, corre-se o risco de delegar toda a responsabilidade do jogo para a fase de construção: não podemos esquecer que um *pressing* coordenado – como demonstraram Maslov e Sacchi – faz parte da fase de construção. Por causa disto, os times de Cruijff, apesar dele promover um futebol de "riscos previstos" – ou seja, um tipo de jogo em que a atitude ofensiva é suficiente para desativar e/ou inibir o ataque dos adversários – em diversas situações sofriam por causa do "cobertor curto": mesmo porque jogavam num módulo 3-4-3 "verdadeiro", com a zaga num "sistema puro", muito diferente do pseudo 3-4-3 italiano (que de fato é um 5-3-2 em que os laterais do meio de campo na verdade atuam como laterais defensivos). Os limites deste radicalismo apareceram todos com evidência arrasadora durante a final da Copa dos Campeões em Atenas em 1994 contra o Milan de Capello (ainda baseado, a não ser por algumas pequenas novidades, na filosofia de Sacchi): uma equipe luminosa e lúdica, quase ingênua, arrasada por um time mais feroz e organizado em todas as fases do jogo; como um desenho no asfalto feito por uma criança, apagado com violência pela fúria de um temporal.

O legado de Cruijff, de fato, tem mais a ver com a movimentação ofensiva do trio de ataque. Ele fala muito claramente sobre isto no livro. Detesta os passes horizontais em toda seção do campo, os detesta mais ainda nas fases de ataque: não tolera a movimentação em que a profundidade é apenas aparente, aquele jogo "horizontal-vertical, vertical-horizontal" – típico das equipes espanholas e portuguesas de algumas décadas atrás – um impasse virtuosístico e impotente. O que mais conta é a imprevisibilidade: uma imprevisibilidade que aparece somente quando "muda o ângulo, com diagonais e passes profundos, com trocas de lado e com uma maior mobilidade". É um ataque feito de geometrias escalenas, cujo objetivo é desorientar e desagregar as defesas adversárias através de uma série de movimentações: mudanças de posição e penetrações laterais e verticais. São movimentações que lembram do Foggia de Zeman, equipe italiana da mesma época, muito apreciada pelo técnico Goethals: mais um técnico tcheco (boêmio mais precisamente, Malatinský era eslovaco) inspirador de uma vanguarda futebolística criptografada. Apesar dos problemas na defesa – o *pressing* não homogêneo e uma linha de quatro jogadores arriscadamente avançada e pouco rigorosa – o Foggia tinha um tridente (Baiano-Rambaudi-Signori) disposto em campo de maneira parecida com a primeira linha dos times de vôlei (embora Zeman seja um ex-jogador de handebol): os sincronismos em velocidade lembravam levantadas de vólei para todos os lados, seguidas por um chute que parecia um saque, e que na maioria das vezes dava certo. O resultado do desequilíbrio representava certamente um caso acadêmico de "cobertor curto", tanto é que as equipes de Zeman (quase) sempre tiveram o melhor desempenho no ataque junto com a pior defesa do campeonato.

O segmento ofensivo de Cruijff foi metabolizado perfeitamente – e talvez até otimizado – pelo Barça de Guardiola: na verdade – como iremos ver em seguida – ele foi encaixado e integrado num sistema bem mais complexo e completo.

O momento que mais representa o trabalho de Cruijff técnico do Barça é, sem dúvida alguma, a noite em Wembley de 20 de maio de 1992. Mais do que um simples jogo, foi uma oportunidade de redenção pelos dois lados. Para os *blaugrana* era a terceira final: o Barça perdeu as duas anteriores em 1961 (pelo Benfica de Guttmann) e em 1986 (pelo Steaua Bucarest). Para o técnico da Sampdoria, Vujadin Boškov, era a segunda tentativa em onze anos: a primeira, no comando do Real Madrid, acabou mal contra o Liverpool de Paisley. Eram, em suma, duas equipes entre as melhores do momento, apenas um pouco abaixo do Milan de Sacchi. O desafio era muito importante: o Barcelona foi campeão na Copa das Copas em 1989, a mesma Copa que a Sampdoria ganharia no ano seguinte, as duas vencendo (2-0) o mesmo time, o Anderlecht.

Num estádio lotado em sua maioria por torcedores catalães, começou o jogo entre duas equipes que não entusiasmavam pela competência tática, porém do ponto de vista técnico elas eram incríveis. O Barça em formação canônica, o 3-4-3: na defesa, em frente a Zubizarreta, Ferrer, Koeman e Nando; no meio Eusebio, Bakero, Juan Carlos e Guardiola (com apenas vinte e um anos de idade); no ataque, Laudrup e Stoičkov bem abertos e Salinas no meio. A Sampdoria era bem sólida: na defesa (Pagliuca, Katanec e Vierchowod); no meio (Toninho Cerezo e Lombardo) e principalmente no ataque (com Vialli e Mancini). Os dois eram times abertos e ofensivos (o Barça focava mais na troca de passes, enquanto a Sampdoria apostava mais nos cortes e arranques), porém nenhum dos dois conseguia prevalecer: os dois lados tiveram diversas oportunidades (a mais marcante com Vialli aos quinze minutos do segundo tempo, depois de um belo passe de Lombardo), mas, mesmo assim, chegaram até o "tempo estático" da prorrogação. Os torcedores da *culé* (a torcida do Barcelona) já estavam com o pensamento nos pênaltis, a repetição de uma tortura emocional, sendo que perderam a final em Sevilha seis anos antes contra o Steaua. O goleiro do time romeno, Duckadam, naquela ocasião defendeu os primeiros quatro chutes dos *blaugrana*: foi o único verdadeiro momento de glória para este jogador que perdeu as mãos em seguida. A versão oficial foi que ele sofreu uma terrível doença degenerativa (trombose), porém existem muitos rumores de que o filho do ditador Ceausescu tenha mandado cortar as mãos do goleiro. Parece que o atleta recusou passar para o outro um Mercedes, presente do Rei de Espanha. Foi um chute laser de Koeman, no minuto 111 do jogo, que interrompeu o sofrimento da *culé* e dividiu a história do clube catalão em duas partes.

Por um lado, representou a marca decisiva dos *orange* na Catalunha, deixada por um jogador que, de acordo com a visão de Cruijff, por causa da personalidade e da influência nos companheiros, servia mais para dar liga ao time do que para meter gols de falta. Pelo outro foi a noite da "primeira" *blaugrana* enquanto os merengues do Real Madrid comemoravam o aniversário da "sexta". Representou a saída da sombra para o clube do Barça. Quando o velho "guerreiro basco" Alexanko subiu os trinta e nove degraus (como no filme de Hitchcock) para chegar à arquibancada e levantar a "Copa de orelhas", a Catalunha inteira se viu livre da lembrança da opressão franquista, começando pela proibição do dialeto. Uma hora depois daquele momento o Pep deixou o estádio vestindo uma bandeira catalã.

Nunca, como naquela noite, o radicalismo de Cruijff (e seus "riscos estimados") foi além do resultado esportivo.

Este extremismo tático, de fato, une-se perfeitamente ao radicalismo característico e dialético da região, e até fica acentuado, mesmo depois de mais de um infarte e da substituição dos cigarros pelos pirulitos Chupa Chups (produto catalão vendido no mundo inteiro).

Aparentemente, é uma intolerância anticonformista irresolvida e contraditória. Cruijff, efetivamente, fala como se fosse um aluno amoral do melhor Nietzsche: nunca se percebe em suas palavras o menor sinal de medo, ressentimento, falsa humildade ou daquelas atitudes típicas dos pequenos burgueses ou dos católicos. É interessante como, ao mesmo tempo, ele fala como um moralista (no sentido clássico), ou um pedagogo que parece se importar – acima de tudo – com a formação do jovem jogador e, ainda mais, especialmente nos últimos anos, com a educação do público e dos meios de comunicação. A coexistência nele destas duas pulsões – às vezes combinadas, às vezes em conflito – faz com que suas observações sejam caracterizadas por uma constante e produtiva oscilação.

Cruijff é rebelde e normativo: na Copa do Mundo de 1974, o fato inovador de levar as mulheres para a concentração e para o jogo surpreendia muito, como se fosse uma extravagância *hippie* da revolução cultural de 1968; na verdade, esta novidade veio da consideração do fato de que a presença de uma companheira pode ajudar o jogador, especialmente em ficar afastado de tentações dispersivas e destruidoras. Cruijff consegue ser ao mesmo tempo vanguardista e conservador, talvez até tecnofóbico: ele é a essência do "futebol total" como mudança cultural e cognitiva, e está sempre contra a entrada da tecnologia no jogo (câmeras lentas e sensores), e até alguns anos atrás, afirmava com orgulho que não usava celular ou cartão de crédito ou que não sabia como gravar uma fita cassete ou enviar um fax. Outro dualismo do holandês diz respeito à religião: ele declara ser ateu, só que ao mesmo tempo fica emocionado na capela em que os jogadores do Barça costumam rezar antes dos jogos; em outras horas ele declara acreditar em Deus, porém num sentido panteístico e aconfessional, rezando em casa (como o pai ensinou) sem necessidade alguma de ir à igreja.

Cruijff atingiu o ápice das oscilações nas polêmicas contra Mourinho. Ele é a pessoa que durante a estreia na seleção (Holanda – Hungria 2-2) deu um soco no juiz e ganhou o primeiro cartão vermelho da história dos *orange*; que para alcançar o "fim" não se importa muito com os "meios" (com as restrições técnicas); que sempre questionou a corrupção e a intromissão da diretoria e do presidente do clube; que tratava seus jogadores com um rigor punitivo (memorável foi a bronca em Stoičkov, culpado por ter ido a uma festa poucos dias depois de uma derrota por cinco gols para o Real Madrid). E apesar disso tudo, hoje em dia ele ataca constantemente o português: diz que o Mourinho é um terrorista que luta contra juízes e instituições; que falta *fair-play* (atitude correta no jogo); que não veste a camisa do clube; que é um modelo negativo para os outros.

Se não fosse Cruijff – ou seja, o maior homem de futebol de sempre (foi jogador, técnico e agora filósofo do esporte) – a dizer estas coisas, teria vontade de lembrar para ele uma frase de La Rochefoucauld, citada numa música pelo Fabrizio De André, que diz: "os velhos começam a dar bons conselhos, pois não têm mais a idade para dar péssimos exemplos".

Sendo Johan Cruijff, é impossível renunciar ao prazer de suas provocações, especialmente quando acertam o alvo com uma frieza iluminante. Como aquela vez em que ele identificou – antecipando Van Gaal – o verdadeiro problema do ambiente *blaugrana* ("O maior inimigo do Barcelona é o próprio clube"); ou a outra vez – coerente com sua trajetória – quando denunciou as influências invasivas das questões econômicas no ambiente de futebol. O jogador que aparentava umas atitudes fortes em relação às regras "capitalistas" (jogando com a chuteira Puma para irritar o patrocinador Adidas), é, hoje em dia, um dos poucos que conseguem enxergar que a pressão dos interesses (TV, patrocinadores, mercado, um número exagerado de jogos) pode causar a destruição do fator estético e a perda progressiva (para os jogadores e o público) do prazer de ver jogos de futebol.

Sendo Johan Cruijff, é natural preferir suas expressões excessivas à desconfortável retórica das pessoas que o estigmatizam; e achar, como Elias Canetti falou de Musil, que "até o silêncio dele ofende".

A catedral de Durham – como a de Ely – é uma das obras-primas da arte românica inglesa. Foi construída algumas décadas depois da invasão de Guilherme o Conquistador. Aqui, um mês depois da data de morte, cerca de mil pessoas se juntaram para se despedir do Sir Bobby Robson: despedida que foi transmitida ao vivo pela TV e pelas telas dos estádios de Newcastle, Ipswich e Fulham, times que o técnico treinou. Um lugar de paz e luz, perto do lugar em que Robson nasceu (filho de um minerador que nem Shankly), que parecia estar disfarçando – com uma piedade retórica – a última foto dele, ao mesmo tempo angustiosa e comovente: um rosto marcado e mudado pela quimo, sem dentes e sem cabelo, o olhar vencido que parece ter renunciado ao antigo orgulho e pedir a compreensão e quase o perdão do observador, por não ter mais a força de sustentar o suplício.

Os problemas oncológicos de Robson começaram em 1992 (câncer do cólon) e literalmente estouraram em 2006 (o mal se espalhou para o pulmão e o cérebro, vindo daí o derrame); entre uma data e outra, durante o primeiro ano no Barça, apareceu um melanoma na mandíbula e ele foi obrigado a colocar uma prótese.

Apesar do calvário, Robson manteve quase até o final a energia e o entusiasmo de sempre, o mesmo que ele colocou na construção de um Barça eficaz e espetacular. Não podemos dizer que o modelo do Barça dele fosse exatamente de "futebol total", pelo menos não o mesmo dos times anteriores e posteriores. Isto não quer dizer que Robson estivesse por fora da filosofia do clube dos últimos anos: aliás, ser técnico do Barcelona estava escrito no destino, pois o *pass-and-move* dele (baseado nos ensinamentos de Buckingham, técnico de Robson quando jogador no West Bromwich Albion) é uma garantia, e bem apto ao trabalho anterior de Buckingham, dos holandeses e de Cruijff.

José Mourinho (tradutor e, em seguida, auxiliar de Robson no Sporting Lisboa, no Porto e até no Barcelona), ao falar sobre sua vivência com o inglês disse que o treinamento de Robson era simples e essencial: corridinha e trabalho físico, umas tabelinhas e uns chutes a gol, e para concluir uma pelada 5x5. O desenho tático dele era ofensivo (no Porto, foi apelidado de *Bobby Five* pelas muitas ocasiões em que o time dele ganhou por 5-0) com a injeção de alguns aspectos do futebol mais clássico: a escolha – quando foi técnico da seleção inglesa – de escalar o líbero, no jogo contra a Holanda na Copa do Mundo de 1990, ficou famosa e muito debatida.

Sem dúvida, aquele Barça (uma Copa do Rei, uma Supercopa da Espanha, uma Copa das Copas) e Robson, dispunham de valores técnicos absolutos (Guardiola, Pizzi, Figo, Stoičkov) acostumados a manter a posse de bola com a troca de passes; e de jogadores (Iván de la Peña e principalmente o Ronaldo com dezenove anos de idade) perfeitos para os arranques nos espaços abertos.

Robson soube aproveitar o melhor desta mistura, alternando uma circulação de bola envolvente com arranques nos espaços abertos; ou mais ainda, predispondo – com uma troca em proximidade da zaga para que os adversários saíssem da toca – os arranques verticais. De la Peña e Ronaldo eram jogadores circunstanciais, que não pensavam em dar profundidade, eles eram a profundidade. De la Peña – cria da *cantera* com um passado triste, potencialidades imensas progressivamente perdidas – exaltava sua habilidade técnica com passes rasteiros que perfuravam todas as linhas do adversário: verdadeiras "mudanças de cenário", com a bola "abrindo" num segundo uma situação fechada, criando espaço onde antes tudo parecia estar blindado. Graças a este tipo de passe – linhas retas médias ou longas – os pontas, arrancando na hora certa, perfuravam muito facilmente as defesas adversárias.

O Ronaldo era o terminal (exterminador do futuro) do esquema de jogo, ainda mais eficaz do que o anterior, Romário. Os dois – como diziam também do jogador de rúgbi galês Barry John – passavam através das paredes; porém o Romário o fazia quase ficando parado, e com toda indolência se desmaterializava diante da zaga adversária e reaparecia somente depois de ter marcado o gol, os dribles e as fintas do "baixinho" eram impalpáveis. Ronaldo, pelo contrário, cruzava as paredes com arranques que iam por mais do que a metade do campo, entre linhas defensivas que caíam e se recompunham na tentativa de parar o "fenômeno". As evidências mais relevantes dessas jogadas são o gol que ele fez no Compostela (com o Robson que pulou do banco, colocou as mãos na cabeça como quem não acreditava no que acabara de ver), ou aquele no Valência (quem ficou surpreso dessa vez foi o Aragonés).

O gorducho, que acabou de se aposentar, costumava ser o protótipo do jogador "ciborgue", o encaixe perfeito de um craque num futebol que em épocas recentes, graças a revoluções e evoluções, chegou ao extremo da velocidade e da organização. Mais precisamente, o encaixe do Ronaldo – no *pressing*, na marcação múltipla, nos espaços apertados – simbolizou a chegada num novo patamar da relação velocidade/técnica. Estudos analíticos, feitos no computador (pelo "Centre d'Alt Rendiment di Sant Cugat") evidenciaram as constituintes desta relação nas jogadas memoráveis do craque: A virada rápida para o gol acima da média; a alternância sincopada de acelerações e desacelerações (ou até paradas); o drible vertical com fintas em movimento, mudanças de direção e desvios improvisados, e umas jogadas em que duas ou mais dessas componentes apareciam juntas. O resultado estético é a exaltação de um craque que representa exatamente o oposto de Van Basten; ao toque fino, elegante e rafaelesco do holandês, o Ronaldo contrapunha uma síntese concreta de Myke Tyson e Carl Lewis, quase um super-herói da Marvel.

Uma sintaxe diferente – quase ao oposto – daquela proposta pelos times de Louis van Gaal, sucessor de Robson na direção do Barça. "Uma águia planou em cima do Bernabeu com suas grandes asas", disse Jorge Valdano, o então técnico do Real Madrid, depois da derrota em casa para um Ajax no ápice da forma: uma ironia eficaz para descrever um time com uma posse de bola elegante, enrolante, cadenciada em linhas de dança.

Era uma posse de bola igual e ao mesmo tempo diferente daquela de outros times ou técnicos históricos: de algumas seleções latino-americanas e do técnico sueco de Milan e Roma, Niels Liedholm. Os pontos em comum são a prevenção do contra-ataque adversário; a busca pelo tempo e a maneira de jogar que permita a construção de uma ação ofensiva não casual, ou seja, não sustentada por lançamentos longos fortuitos; a exaltação da coletividade vista como premissa para exaltação do indivíduo. A diferença vem do fato de que todos estes elementos precisaram ser adaptados – que nem a corrida do Ronaldo – para funcionar num futebol mais rápido e organizado. A velocidade de troca de passes é diferente; a tipologia de pressão também; o goleiro (também por causa da regra do passe para trás) passa finalmente a ser um jogador ativo e construtivo; mudam alguns dispositivos específicos, tanto ofensivos (maior movimentação dos alas e dos pontas), quanto defensivos (com os passes ao goleiro usados para dilatar o espaço e diminuir a pressão). Em breve, a posse de bola com Van Gaal é mais dinâmica e articulada. O efeito dela parece uma nuance que funde o clássico com a vanguarda e se deposita na memória dos jogadores para que saibam alternar corretamente acelerações e desacelerações, contrações e distensões da equipe, que não precisa ser curta (como os times de Sacchi), pode ser longa ou até longuíssima, para cobrir o campo inteiro e explorar cada canto.

Van Gaal não abandonou a técnica por causa do aumento da velocidade ou da intensidade física do jogo. Pelo contrário, as inovações decisivas do "novo futebol" – o próprio Van Gaal citou Sacchi para "agredir antecipadamente a bola" – requerem uma melhoria da posse-troca de passes. Certa vez um jornalista falou para Van Gaal que o futebol do pós-sacchismo é uma grande porradaria no meio de campo. O holandês replicou que "a essência do futebol moderno é justamente essa: criar um espetáculo em espaços apertados" com resultados que, dependendo do caso, podem ser comparados com "uma obra de arte".

A premissa filosófica é a *orange* de sempre, a mesma de Michels e Cruijff: continuidade/contiguidade entre mirim, jovens e time A; treinamento pesado (as sessões com os jogadores descalços correndo pelas dunas de Amsterdã); a técnica "funcional" para a tática; cooperação constante entre os companheiros (todos são líderes, todos são peões); jogadores adultos e conscientes. Alguns exemplos do Ajax criado pelo Van Gaal: os dois irmãos De Boer, Blind, o maravilhoso Litmanen, síntese de graça e essencialidade.

Van Gaal foi frequentemente criticado por ser a sombra de Cruijff, antes como jogador no Ajax, time em que ele era o substituto do atacante, e depois no Barcelona onde o substituiu como técnico. Van Gaal, que nem aconteceu com

Cruijff, passou por umas derrotas marcantes, podemos dizer drásticas: o jogo duplo com a Juventus de Zidane (96-97) em que o Ajax foi despedaçado como uma cidade da antiga Grécia invadida por uma horda de bárbaros.

Van Gaal não conseguiu reproduzir a harmonia do Ajax nos times em que ele seguiu a carreira: Barcelona e depois Bayern Munchen. Ele tentou no Barça com a implantação maciça de jogadores do Ajax (Reiziger, Bogarde, os dois De Boer, Cocu, Zenden e Kluivert, mais o finlandês – holandês de adoção – Litmanen), integrados por dois espanhóis (os "experientes" Sergi e Luis Enrique) e pelo português Figo. Apesar dos resultados acima da média (dois campeonatos e uma Copa do Rei) a solução tático-estética foi um OGM descontínuo e fragmentário, também por causa da não integração de campeões (Rivaldo) que em seguida levara o técnico à demissão, logo depois da despedida do presidente Núñez (maio de 2000).

Claro que houve momentos ocasionais de futebol espetacular, fragmentos de "obra de arte" – um 4-2 na *Champion's League* contra a Fiorentina – mas, mesmo assim, o estrago na relação de Van Gaal com jornalistas e opinião pública, que ele mesmo definiu como "escravos de uma filosofia histérica, narcisista e vitimista", era tão grande que não deu mais para consertar a situação. E não adiantou nada convidá-lo novamente para o time, como fizeram Gaspart e Rexach. O Barcelona de Van Gaal ainda não chegava a ser o Barça do "salto quântico".

A última peça *orange* na Catalunha – Frank Rijkaard – foi decisiva. A trajetória dele como jogador é inatacável. Atleta de corpo de estátua (1.90cm × 80kg), corrida magnífica e polivalência tática impressionante. Rijkaard passou por todas as vivências técnico-táticas mais importantes da última década: começou com o Ajax de Cruijff, depois passou pelo Milan de Sacchi, time no qual de zagueiro passou para a posição de volante central e conquistou tudo que podia ser ganho. Depois voltou para o Ajax (dessa vez de Van Gaal e novamente como defensor central em dupla com Blind) para ganhar mais uma Copa dos Campeões contra seus ex-companheiros do time italiano.

Como técnico, não podemos dizer que a trajetória foi a mesma – e nem a mesma dos outros holandeses: Michels, Cruijff, Van Gaal – Rijkaard chegou ao Barça com um *pedigree* desastroso. Na direção da seleção holandesa, anfitriã do Europeu, saiu na semifinal eliminado pela Itália num jogo surreal, perdido nos pênaltis depois de passar 120 minutos no ataque. A Holanda naquela ocasião chegou até a errar dois pênaltis no tempo regulamentar. O jogo foi tão surreal que podia virar objeto de estudos psicológicos. A explicação de Rijkaard depois da partida foi extremamente lúcida: "Quando um time joga bem mas não faz gol, acaba perdendo confiança". Depois veio a passagem pelo Sparta Rotterdam, outro desastre: pela primeira vez na história, o time retrocedeu para a série B.

De toda forma, na época da contratação de Rijkaard, o Barcelona estava passando por mais uma revolução: o novo presidente Joan Laporta e os novos dirigentes, em busca de um novo rumo – depois de De la Cruz e Antič –, apostaram nele para voltar a ganhar a *Champion's League*. O troféu, para os *blaugrana*, permanecia ainda hibernado na lembrança do *Dream Team* de 1992. No primeiro ano o recrutamento foi conservador: fora Ronaldinho Gaúcho (adquirido depois do fracasso na tentativa de contratar Beckham, que finalmente foi parar no Real Madrid), a equipe ficou substancialmente invariada. O começo pareceu estar bem alinhado com o passado recente do técnico: o time não funcionava, ficou um ponto acima da zona de rebaixamento e parte da torcida começou a contestá-lo. Mesmo assim,

Laporta continuou acreditando nele: e depois de uma campanha maravilhosa Rijkaard virou o jogo (ou melhor, o campeonato) e levou o Barça para o segundo lugar na Liga Espanhola. Logo em seguida, técnico e presidente decidiram encarar uma renovação sistemática do time. Chegaram novos talentos, entre outros Edmílson, Deco e Eto'o.

A partir deste momento, começou o verdadeiro trabalho de Rijkaard. Por um lado foi um trabalho ambiental, para acostumar o grupo e o ambiente com uma atmosfera diferente: para quebrar aquela filosofia "histérica, narcisista e vitimista" que teria estressado Van Gaal. Pois bem, numa entrevista de 2005, Rijkaard declarou que estava sentindo, em relação à primeira temporada, "uma energia completamente diferente tanto no vestiário, quanto no campo de treino". Por outro lado ele redefiniu a organização e os aspectos táticos: adotou um 4-3-3 clássico com a fase defensiva mais focada do que a do *Dream Team*; aumentou o *pressing* no meio de campo; e no ataque tentou manter a mesma qualidade dos seus predecessores, contando, fatalmente, com um jogador que não o deixava muito entusiasmado por causa da baixa funcionalidade no sistema (Ronaldinho).

As "mágicas" e as acrobacias do Michael Jackson do futebol disfarçaram – na memória de muitos – o trabalho pesado de construção: o famoso gol do 0-3 no Bernabeu (tríplice drible em alta velocidade antes do chute, o jogador saiu aplaudido pelos adversários) ou aquele no Stamford Bridge na *Champion's League* (mas com uma lição memorável do Mourinho) conferem para o time uma luz de tirania. Claro que a grandeza individual de Ronaldinho está fora de discussão, os gols e as assistências dele são improvisos de *jazz* que mandam as defesas adversárias para fora do tempo. Porém, seria um erro achar que a tática de Rijkaard não tivesse qualquer influência nisto.

Em maio de 2006, em Paris, o técnico – depois de ganhar duas vezes a Liga – trouxe a Copa dos Campeões de volta para a Catalunha, derrotando na final o Arsenal de Wenger, um time muito sólido. O jogo foi uma batalha apertada de posse de bola quase igual, com apenas um escanteio (para o Barça) em noventa minutos e a expulsão do goleiro Lehmann. O mérito do técnico foi duplo: manter a equipe firme do ponto de vista psicológico depois do gol sofrido no primeiro tempo (Campbell) e optar por substituições decisivas (Iniesta, Belletti e Larsson) que ajudaram a desenvolver a movimentação da equipe, sem correr riscos de ataques imprevistos.

E apesar das duas temporadas seguintes não serem entusiasmantes, no verão de 2008 Rijkaard deixou para Guardiola um Barça prontinho para dar o "salto quântico".

QUANTUM
O Barcelona de Josep Guardiola

> "Here, there and everywhere."
> The Beatles

Entre todos os processos contraintuitivos da ciência, o mais contraintuitivo de todos é certamente o comportamento da matéria subatômica: o mundo dos *quanta*.

O físico e matemático inglês Paul Dirac, durante suas reconhecidas conferências em Cambridge na década de 30, descrevia este mundo usando um exemplo singelo. Diante da plateia, ele pegava um pedaço de giz do quadro preto e o quebrava em duas partes. Em seguida ele colocava uma parte numa extremidade da base da estante e outra bem do lado oposto. Daí, começava a distinção entre o ponto de vista da física clássica (ou "aqui" ou "ali", estas são as únicas possibilidades para os dois pedaços de giz) e o da física quântica: se no lugar do giz a gente fosse usar um elétron – dizia – não teríamos apenas um "aqui" e um "ali", haveria um leque enorme de estados correspondentes a combinações daquelas possibilidades: uma somatória de "aquis" com "alis". Os estados e as dinâmicas da matéria na realidade cotidiana (casas, árvores e montanhas) são bem diferentes na matéria do interior do átomo. Baixando lentamente – como Alice no poço sem fim da toca do coelho branco – para os níveis microscópicos da matéria, passamos do princípio de exclusão (o "aqui" e o "ali" separados) para o de superposição (o "aqui" e o "ali" misturados).

O caminho para chegar a esta "visão" passa por diversas sequências.

A primeira sequência (de Max Planck) diz respeito à natureza da radiação, ou seja, da energia transportada pelo campo eletromagnético. Expondo um objeto qualquer (um corpo) à luz de uma lâmpada, o fluxo entre a lâmpada e o corpo parece – do ponto de vista macrofísico – um *continuum*: na verdade, lá embaixo, ou lá dentro, os átomos do corpo não podem absorver quantidades arbitrárias de energia. Eles precisam respeitar uma proporção bem precisa, absorvendo "pacotes" não fracionáveis (meio, um terço ou um e meio). Os pacotes são exatamente os *quanta*. A radiação, portanto, não é contínua, ela é "intermitente": a sensação de continuidade parece com a dos pontinhos em sequência que formam uma linha; ou das milhões de micro-cenas que compõem a nossa consciência.

A segunda sequência (com amplas contribuições de Maxwell e Einstein) diz respeito à natureza dúplice da própria luz: a radiação é intermitente, então a luz passa a ser, ao mesmo tempo, onda (ou seja, algo expansivo e oscilante) e partícula (ou seja, um conjunto de pequeníssimas "balas"), e os *quanta* passam a se chamar "fótons".

A terceira sequência – decisiva – é a transferência dessa natureza dupla para dentro do átomo: se De Broglie identificou uma natureza ondulatória no elétron, Schrödinger disse que "a mecânica das partículas" não é nada mais do que uma aproximação de uma mecânica ondulatória subjacente.

Chegamos assim ao núcleo da contraintuitividade quântica: observando um elétron (com a ajuda da luz de um microscópio), podemos avaliar a posição (a partícula) ou a velocidade entendida como quantidade de movimento (a onda); não podemos avaliar as duas coisas ao mesmo tempo. É como se, ao escutar uma música, quiséssemos conhecer ao mesmo tempo o "instante" em que toca uma nota e a "altura" (que tem a ver com a frequência, ou seja, a oscilação) da mesma. Este tipo de comportamento, de acordo com Niels Bohr, é chamado de noção da "complementaridade".

As consequências – da divaricação entre macro e microfísica – são enormes. Por exemplo, o que nos sistemas macroscópicos é "irreversível" em termos temporais – "a seta do tempo" (passado, presente e futuro) – no nível subatômico não incide: ao assistir a um filme invertido, ou seja, do final até o começo, não entendemos nada; projetar uma sequência subatômica num sentido ou no outro não faz diferença alguma.

Embora a teoria dos *quanta* seja repleta de aspectos teóricos controversos – começando pela ideia de multiverso e dos universos paralelos – suas consequências e aplicações práticas já são inúmeras. Por exemplo, conseguimos ouvir um CD ou "ler" um DVD graças à "coerência" dos fótons, que continuam sempre no mesmo "estado". Na verdade, as possibilidades aplicativas dos *quanta* são diversas: o microscópio eletrônico para a ressonância magnética nuclear, a super e semicondutividade, os próprios semicondutores fundamentais para construção de diodos e transistores, sem os quais não teríamos nossos computadores. E no futuro (não tão próximo) poderemos usar computadores quânticos (muito mais poderosos) ou a "criptografia quântica" para transmitir informações de maneira mais rápida e segura.

O mundo quântico oferece também toda uma série interessante de potencialidades metafóricas e explicativas.

Ao assistir ao Barcelona de Guardiola (já com o de 2009 e 2010, mas principalmente com o de 2011) muitos tiveram a sensação de ver um time diferente dos outros. Não é apenas uma fase ulterior na trajetória do "futebol total"; do resultado mais concreto (até agora) do longo transplante anglo-holandês na Catalunha, integrado por elementos "externos" (o *pressing* do Milan de Sacchi). É uma "consistência" material e dinâmica diferente.

Ver o Barça jogar contra os outros times é como assistir a um jogo de tênis entre jogadores de épocas diferentes. De um lado um tenista com uma raquete de thermolon, que pode conciliar força e flexibilidade, solidez e sensibilidade de toque, que possui uma altíssima elasticidade molecular; uma raquete que vai se calibrando durante o jogo, com os golpes cortados e efeitos acentuadíssimos, com saques violentos e voleios aveludados. Do outro, um tenista com uma raquete de madeira ou de fibra de carbono ou grafite, muito mais rígida e vinculante, apta, hoje em dia, para um tênis mais didático do que agonístico, com *backhands* no padrão, golpes corretos mas sem personalidade, voleios sem profundidade. Claro que McEnroe conseguiria, mesmo assim, golpes prodigiosos de tenista "cubista", mas isto não deixaria de ser um anacronismo genial.

A maneira mais eficaz para avaliar esta diferença, é justamente através do confronto direto entre macro e micromundo físico. Times como o Real Madrid de Mourinho (que – não podemos esquecer – parece ser o único técnico que consegue tirar os títulos do Barcelona) ou o Manchester de Ferguson, pareceram – nos jogos contra os *blaugrana* – equipes vinculadas aos estados e às dinâmicas da matéria da física clássica. Muito bem escalados, com posicionamento impecável, rigor das linhas, cadência do *pressing* muito boa (além de que cheias de craques), pareciam – diante do Barça – estruturas rígidas e impotentes: como se outra força de gravidade – parecida com aquela do planeta Ragnarok da ficção científica de Tom Godwin – tivesse afetando elas.

O Barça – pelo contrário, quando joga bem – parece realmente um time "quântico", ou seja, ligado a estados e dinâmicas fluidos e imparáveis.

Entretanto, o jogo do Barça é um *continuum* composto por partes "discretas". A posse e a circulação de bola – graças a uma média técnica acima do normal – procedem sem soluções de continuidade, como se formassem a cadência inevitável do jogo: o adversário pode até tentar interromper ou fracionar o *continuum*, porém dificilmente consegue segurá-lo por longas sequências. A posse de bola do Barcelona é composta por unidades modulares ("pacotes" ou *quanta*) ou seja, por uma maneira especial de correr em que cada jogador (de acordo com o antigo ensinamento de Cruijff) não pode percorrer – com ou sem a bola – mais de dez metros: a vantagem é a enorme economia de gastos metabólicos, pois a ausência dos arranques longos evitam a acumulação de ácido lático nos músculos.

A coisa mais interessante é que o Barcelona como um todo e cada jogador do time, aos olhos do adversário, parecem estar num sistema esquivo: se o adversário tentar ficar com a posse de bola, acaba sempre ficando em inferioridade numérica, por causa do *pressing* do Barça que cria barreiras por todo lado e prepara o time para a retomada (muito fácil para uma equipe acostumada a encarar zagas alinhadas); se o adversário tentar parar o fluxo da posse de bola dos *blaugrana*, acaba desequilibrando o *pressing*, criando pontos fracos inesperados (áreas descobertas) e apelando para a única e última alternativa: fazer falta. Metaforizando, é como um universo em que cada jogador é onda e partícula ao mesmo tempo, com características corpusculares e ondulatórias: como se fosse possível avaliar a velocidade ou a posição do jogador e não as duas coisas ao mesmo tempo. A chave deste efeito é a coesão inédita entre posse de bola e *pressing*; aliás é o fato de que as duas fases estão tão integradas que acabam ficando indistinguíveis. A premissa, claro, é manter o time curto, aliás curtíssimo, com os jogadores muito próximos (e muito bem posicionados) para interagirem sem sequências intermédias. Durante a fase de posse de bola cada jogador do Barça fica numa posição ativa para garantir (em caso de perda da posse) um *pressing imediatamente* coordenado com a sequência anterior; durante a fase sem bola, o *pressing* se torna uma *premissa* da posse de bola, com jogadores já posicionados para iludir a marcação, favorecendo as possibilidades de circulação e a busca da profundidade.

Esta mesma analogia serve para explicar aspectos ainda mais específicos. De acordo com as noções de mecânica quântica, um elétron isolado apresenta características de comportamento corpuscular (é uma partícula); enquanto dois ou mais elétrons, em *coletividade* – através da "interferência" – passam a ter uma natureza ondulatória (viram onda). Voltando para o futebol, cada jogador do Barça possui a bagagem técnica e tática necessária para desenvolver ao melhor a função; porém, a verdadeira essência do time é a interação entre os jogadores. Para entender melhor o conceito de "interferência" podemos dar um exemplo que já virou tradição. Dois homens – na dimensão da física clássica – estão em frente a uma urna que contém duas bolinhas de gude (uma branca e a outra preta), cada um deles pesca uma bolinha, deixando-a no punho fechado. Em seguida, um dos dois se afasta, abre o punho e descobre estar com a bolinha branca, deduzindo facilmente que a bola preta ficou com a outra pessoa. No mundo quântico as coisas não funcionam do mesmo jeito: de acordo com a hipótese "o que acontece com 1 muda a situação de 2", o fato de que alguém segure na mão uma bola azul, determina o vermelho da bola de gude de outra pessoa (ou o verde determina o amarelo). Da mesma maneira, no futebol do Barça não existem situações estáticas ou unívocas, individuais ou de equipe: todos os jogadores são constantemente e simultaneamente ativos (para posicionar-se, atacar ou defender, fazer *pressing* coordenado e livrar-se da marcação), cada um deles "interfere" na posição, no movimento e na jogada dos companheiros (um ou mais, dependendo da situação). Além disso – mais uma consequência – o mundo dos *quanta* muda a noção comum de "vácuo", pois evidencia sua natureza ativa, como se fosse mais um estado de gradação do "cheio" (outro estado da matéria), e não o oposto. E assim, todo time de "futebol total" – mas principalmente o Barça de Guardiola – não contempla espaços ou fases de "vácuo": aquela suposta ausência é, mais uma vez, cheia de espera ativa (para posicionamento e movimentos), como se fosse uma face menos aparente da posse de bola e da troca de passes.

E concluindo, além de serem "indistinguíveis" é impossível encontrar duas partículas simultaneamente no mesmo estado; da mesma forma, o sistema dos *blaugrana* não nega – exalta – a especificidade dos indivíduos.

Esta atividade constante e integrada pode ser expressa através de outra analogia, aquela – de Óscar Cano Moreno – dos "sistemas dinâmicos" posicionados bem no limite entre ordem e caos. É suficiente pensar num formigueiro, ou melhor ainda – reforçando a força dinâmica – num enxame de abelhas ou numa revoada de pássaros, de repente, no momento coesivo da migração. É uma comparação que indica a unidade sempre rigorosa e flexível do Barça, baseada em "marcas estáveis" (os conceitos de jogo fundamentais) e no improviso constante e infinitamente alterado.

A chave do sucesso é olhar para o time como se fosse "uma rede de relações", em que tudo se relaciona com tudo. O erro individual é *sempre* consequente a uma dinâmica errada (não de setor, mas sim da equipe toda) e da mesma forma, a situação inversa de um episódio favorável (a retomada de bola ou uma jogada que leva ao gol) é sempre fruto de uma construção coletiva. Não há movimento que não esteja ligado aos outros; não há jogador se mexendo sem considerar ou afetar a movimentação dos companheiros. Expressões do tipo: "falta ritmo", "não conseguimos entrar no jogo", "não conseguimos dar mais que três passes em seguida", neste contexto não fazem sentido algum: aqui a "inteligência geral" resolve os "problemas específicos" (seguindo as regras de um sistema *top-down*), portanto não existem respostas individuais para os problemas coletivos.

Voltando para as analogias musicais – muito usadas pelos técnicos de "futebol total", como Michels e Sacchi – é como se o Barça tocasse numa sessão de jazz, em que cada indivíduo é gregário e solista ao mesmo tempo (até o *monstro* Messi). Existe também um ligação com o mundo do pop-rock. O Ajax de Michels e Cruijff e a Holanda de 1974 – como já vimos – remetem para e efração dos Pink Floyd: aquele movimento anárquico e rigoroso, com as cromias de um fluxo onírico ou de uma viagem lisérgica – mas fundamentalmente baseado nos ritmos da vigília – remete para o fluxo de *Ummagumma* e de *Meddle* ou, mais ainda, para a suíte *Wish You Were Here* (com um "adágio" sofrido no começo) ou para "a sinfonia" de abertura de *Atom Heart Mother*, em que uma cadência handeliana desaparece entre clangores e estouros pós-nucleares.

O Barcelona de Guardiola – 40 anos mais tarde – é a versão atualizada e integrada daquele futebol. Ver este time jogar é como escutar os ótimos Coldplay (inclusive a música *Viva la Vida* foi escolhida como hino pela torcida em 2009), aliás, melhor ainda, é como escutar os Radiohead; e não a banda ainda nova dos primeiros álbuns mas, sim, a da fase mais madura dos álbuns *Kid A* e *Amnesiac* em que o contraste e a harmonização de diversos gêneros (*noise, ambient, dance, jazz*) gera uma textura sonora puntiforme e espalhada. A música eletrônica que apela para a erudita (os metais de *The National Anthem*) ou para o descongelamento de instrumentos como o "Onde Martenot", o arquétipo do sintetizador com sons glissados. O próprio Thom Yorke – vocalista e líder da banda – explicou a autonomia e a relação que existe entre os dois álbuns: *Kid A* é "algo traumatizante"; *Amenesiac* é a "contemplação do trauma"; *Kid A* "foi baseado em distância. Os fogos estavam todos do outro lado do morro"; no *Amnesiac* "você está bem no meio da floresta em chamas". Alguém já fez uma experiência indicativa com *Kid A*: escutando duas cópias simultaneamente com dois leitores – iniciando o segundo dezessete segundos depois do primeiro – tem-se a impressão de ouvir uma "superfaixa". Quarenta anos depois o "futebol total" continua sendo reconhecido pela sua marca polifônica.

Para entender direito como chegamos neste "efeito quântico" é necessário descompor o Barça dos últimos três anos em segmentos isolados: técnico-tático, atlético e psicológico tendo a mente que se trata de segmentos trabalhados – desde a Masia – simultaneamente. A história e a identidade de gestor deste trabalho, Josep Guardiola, são aspectos fundamentais.

"Pep" é a essência do "catalanismo" no sentido mais completo. Por um lado, é impossível separar sua personalidade (e até sua somática) do lugar de procedência, de Santpedor (cidadezinha de 5.000 habitantes perto da serra que fica antes do litoral) e de Manresa, aglomerado de antigos conventos e fábricas modernas, onde se eleva uma imensa catedral e famoso pela gruta em que Ignacio de Loyola escreveu os *Exercícios Espirituais*. Ou seja, por um lado Pep mantém a pureza e o orgulho do "garoto pobre de comunidade" (Valdano) e o entusiasmo imaculado do período em que ele era um aluno e jogava por horas batendo a bola contra um dos muros da casa dos pais ou pelas ruazinhas do vilarejo (eis as peladas). Certa vez ele disse: "Não lembro quando comecei a jogar futebol, só sei que senti a bola como parte da minha vida desde que me entendo por gente". Símbolo irônico deste lado identitário do catalanismo, foi a aparição que Guardiola fez num balcão em frente aos torcedores com a Copa de 1992 nas mãos dizendo "Está aqui", citação do lendário "Estou aqui!" do presidente Josep Tarradellas de volta do exílio depois da morte do ditador Franco.

Pelo outro lado, Pep encarna o catalanismo também em termos de abertura para o mundo, como vocação para a *mistura* cultural: o garoto de Santpedor – depois de dar a volta pelo mundo entre Itália, Qatar e México – virou homem de "paladar refinado", que passa as férias (como depois de Wembley em 2011) no campo da Toscana, indo para Siena para contemplar, além do Palio (reprodução autêntica de uma corrida de cavalos medieval), o Palazzo Pubblico com os afrescos de Ambrogio Lorenzetti e a *Maestà* de Simone Martini. Isto sem falar da paixão de Guardiola pelo cinema, pelo teatro e pela leitura: predileções, Truman Capote, José Luis Sampedro e o amado poeta catalão Miquel Martí i Pol, falecido em 2003, cujo livro homenageia justamente Pep e a mulher amada, Cristina Serra. Esta relação profunda com a cultura erudita não é novidade para o clube do Barcelona, como evidenciam os relatos de Zubizarreta lendo *O Pêndulo de Foucault* de Umberto Eco (depois de literalmente "devorar" *O Nome da Rosa*) ou do Iniesta falando sobre Newton e expressando seu cultuamento pela Sagrada Família.

Guardiola foi um jogador excelso, com uma visão periférica fora do comum e um toque de bola "digital", porém ele mesmo reconheceu que não caberia no futebol atual, rápido e físico: "Se fosse um jovem jogador do Barça de hoje em dia, não teria sucesso como profissional. De repente chegaria a jogar na terceira série". Entretanto Cruijff – que trouxe Guardiola para o time A sob a indicação do Rexach – desaprova essa severidade crítica: de acordo com o holandês, a velocidade de controle e de passe de Pep proporcionava tempos e espaços melhores para as jogadas dos companheiros. Quando Cruijff, na época, o deslocou da direita para o meio do campo, Guardiola se tornou um pivô sem iguais. Na época do *Dream Team*, Kiko, ponta do Atlético Madrid o apelidou de "Pam" por causa da facilidade e da precisão com que distribuía os passes ("Pam-pam-pam"). E foi certamente por causa desta mistura de "cérebro e técnica" que ele se tornou um grande técnico. Kluivert e Robson diziam que ele era um "técnico em campo", mas a sua unicidade foi muito bem descrita em poucas linhas pelo ex-companheiro e atual aluno Xavi: Guadiola junta em si as qualidades ético-psicológicas ("pessoa confiável, meticulosa, entusiasta"), a coerência da visão ("uma forte convicção naquilo que acredita e a capacidade de infundir este sentimento"), a clareza das prioridades técnico-táticas ("ênfase na posse de bola e na troca rápida de passes") e a capacidade de resumir (consegue expor claramente o plano para o jogo a seguir em no "máximo dez minutos"). E para distinguir ainda mais Guardiola dos outros técnicos hiperanalíticos evidenciou que para Pep "os conceitos" são o mais importante. Ele "lembra de tudo e explica cada elemento por uma razão bem precisa".

Apesar de todo o talento, o começo, como aconteceu com Rijkaard, não foi fácil. Depois de treinar o Barcelona B, Guardiola foi chamado para o time principal pelo presidente Laporta, que tomou a decisão contra a diretoria toda: eles queriam contratar Mourinho. Os primeiros meses foram desanimadores. Guardiola teve de trabalhar muito para reconstruir a motivação do time esgotado depois da campanha da *Champion's League* de 2006. Não foi simples recuperar jogadores apáticos (o sublime Henry), convencer outros a permanecerem no time (Gudjohnsen e Yaya Touré). Contra todas as expectativas, a abordagem de Guardiola foi bem firme: escolheu ter poucos colaboradores em volta (primeiro entre todos Francisco "Tito" Villanova, equivalente de Rui Faria para Mourinho) para ter maior controle sobre a situação; passou para todos os jogadores um "código" severo impresso em três páginas, prevendo sansões econômicas "em progressão" por diversas infrações (chegar atrasado para o almoço coletivo, voltar na madrugada depois da meia-noite, chegar atrasado para o treinamento); e não tolerou insubordinações durante as sessões, como no caso do Eto'o que por causa da sua loquacidade foi expulso do treino. Guardiola deu muito bom exemplo nessa fase, pois chegou muitas vezes a trabalhar até doze horas seguidas, ainda pulando as refeições (as marmitas com as saladinhas dele).

Aos poucos o time decolou, alcançando uma média positiva de três gols por jogo. A posse de bola e o *pressing* mais avançados foram a verdadeira inovação: não foi por acaso que naquela temporada Messi, Eto'o e Henry cometeram mais faltas do que os centrais da zaga (Rafa Márquez e Piqué), e que o Barça marcou novos recordes de escanteios a favor e chutes a gol, assim como foi o time que mais sofreu e que menos cometeu faltas; ou seja, apareceu aquele amálgama impressionante, com as características do "futebol total": uma qualidade de jogo que "prescinde do adversário" (o modelo selecionístico das bactérias ou dos anticorpos).

O jogo por Guardiola é um *patchwork* harmonizado e personalizado de diversas influências, algumas menos esperadas, como a do jovem e genial Juan Manuel Lillo, atual técnico do Real Sociedad, que durante um período de trabalho no México cruzou com o Pep jogador no time dos Dorados de Sinaloa. Muitas influências vieram do próprio pessoal do Barça. Guardiola já disse com orgulho que "Cruijff pintou a capela, e os sucessores se dedicaram à modernização e à reforma".

Parece, de fato, que Pep selecionou um conceito ou um segmento de cada um de seus técnicos: de Van Gaal a possibilidade de expandir ou contrair espaço e tempo, utilizando todas as partes do campo, usando até o goleiro nas distensões extremas; do próprio Cruijff a obsessão pela técnica e as dinâmicas afiadas do tridente de ataque; de Robson o foco constante nas verticalizações. Dentro desta colagem – talvez por causa do trauma vivenciado em Atenas em 1994 contra o Milan – encontramos também a linha defensiva (para o uso estratégico do impedimento) e o *pressing* sistemático de Sacchi. A verdadeira marca de Guardiola nisso tudo – "o efeito quântico" – foi chegar numa osmose inédita da fase ofensiva com a defensiva, da posse de bola com a pressão no adversário.

A técnica, conforme a perspectiva de Pep, é ao mesmo tempo premissa e desenvolvimento da tática. No time de 2011, por exemplo, oito dos onze titulares são catalães da *cantera* (inclui Messi), integrados por um asturiano (Villa) e mais dois estrangeiros, os laterais Alves e Abidal, todos padronizados por um jeito muito parecido de tocar na bola. Os estrangeiros são escolhidos com base na "compatibilidade" com o sistema, enquanto o próprio sistema é plasmado desde a *cantera* através de um duplo filtro seletivo. O primeiro é dos observadores, que escolhem crianças com uma predisposição para o toque de bola, a visão de jogo e a velocidade; o segundo filtro é justamente representado pela pedagogia peculiar no nível técnico: por um lado o trabalho do *tiki-taka* com tabelinhas, circulação de bola rápida e alguns toques específicos (por exemplo, servir a bola do lado da perna direita para os destros e do lado da perna esquerda para os canhotos); pelo outro as aulas sobre como defender e proteger a bola (até exasperar o adversário, que acaba fazendo falta) e como tirar a bola do adversário sem cometer falta. O objetivo é construir jogadores que nunca sentem medo de estar com a bola, mas que não gostam de ficar muito tempo com ela: que sabem tocar de primeira e segurar a bola por alguns segundos.

Este é o único caminho para entender o núcleo radial do jogo do Barcelona. Voltamos um momento para a contiguidade posse/*pressing*, o segredo do "efeito quântico": com os jogadores próximos, bem posicionados, nas fases sem bola dois ou três movimentos mínimos e sinérgicos são o suficiente para pressionar o condutor da bola e retomar a posse; nas fases com a bola, cada jogador tem duas ou três opções de passe ou – se todos os companheiros estiverem marcados – pode segurar a bola ou driblar ("suspender" o tempo, como Xavi) dando a possibilidade para os companheiros saírem da marcação. Tudo depende da coesão, mas sem a técnica o "conjunto" não teria a mesma elasticidade e plasticidade.

A sinergia da linha ofensiva e da defensiva – que age principalmente no meio de campo – é fundamental para este esquema conceitual.

A zaga é posicionada bem próxima do meio de campo. Somente desta maneira ela consegue exercer duas funções específicas: ajudar diretamente no *pressing* ou tampar o eventual "buraco" deixado pelo *pressing* mais avançado, fechando o caminho do jogador adversário que tenta fazer uma penetração individual ou uma tabelinha; ou, se o meio de campo e o ataque trabalharem bem a cobertura de bola, deixar o adversário em posição de impedimento na hora de um lançamento longo ou de um passe filtrante. Guardiola costuma dizer frequentemente: "é um paradoxo, quanto mais você quer atacar, tanto mais precisa de uma zaga disciplinada".

O tridente aberto e móvel da linha ofensiva também está conectado com as demais linhas (com os volantes como Xavi e Iniesta e até com os laterais defensivos, como acontece nas trocas entre Alves e Messi). A fase especificamente ofensiva representa o momento em que o Barcelona consegue expressar uma mudança de ritmo, uma aceleração coletiva: assim como a posse de bola é o *continuum* – a premissa – a consequência é uma distensão/irradiação capilar que procede de forma homogênea na direção horizontal e vertical.

Neste esquema os movimentos com ou sem bola precisam respeitar um sincronismo absoluto: as subidas dos laterais de defesa, os volantes que "acompanham" a jogada e os cortes dos pontas. Nos melhores momentos, é como assistir ao cruzamento em alta velocidade de diversos raios laser. E assim como a aceleração com bola (imperceptível mas inexorável) de Iniesta é quase sempre o ativador das jogadas, a síntese da orquestração é representada pelas variáveis de Messi, que consegue aproveitar todos os movimentos dos companheiros para as percussões individuais (entrando nos espaços gerados) ou para dar passes de precisão milimétrica. Este é o maior exemplo de amalgamação entre a intuitividade do gênio futebolístico e a continuidade do "futebol total".

A peculiaridade técnica do Barça vem acompanhada por uma peculiaridade cinética e biomecânica. Para falar sobre este assunto é importante considerar – porém sem exageros – a diferença geoantropológica entre os nórdicos e os latinos. Os atletas do norte se formam num ambiente diferente (com menos sol, alimentação específica, baixas temperaturas) e geralmente possuem um perfil osteomuscular alongado com uma predisposição para a força e a resistência mais do que para a rapidez e a elasticidade: por isso, muitos campeões de esportes que requerem uma boa resistência, como as corridas de distância e meia distância, são procedentes de países nórdicos. Não há dúvidas a respeito do fato de que a premissa geneticomorfológica do Barcelona é selecionar atletas com o centro de gravidade baixo: a altura média do time catalão é a menor de todos os clubes (177cm, inclusive incrementada por Piqué e Busquets), exatamente o oposto do time austríaco Mattersburg ou do ucraniano Volyn Lutsk (altura média 186cm). Isto porque o centro de gravidade baixo, como sabemos todos, favorece rapidez na execução e maior controle na movimentação.

Este fator de discriminação, na verdade, não explica o fato de os holandeses serem tão "plásticos" ou a questão de muitos jogadores latinos passarem a estar – diante do Barça – tão rígidos quanto os nórdicos (como acontece com Ramos e Xabi Alonso). A verdadeira diferença, mais uma vez, é a didática. Além de técnica e tática, a escola do Barcelona foca na corrida: realmente as habilidades coordenativas precisam ser treinadas e corrigidas quanto antes. Ao observar os jogadores do Barça reparamos como raramente concentram a corrida na amplitude dos passos (a não ser no caso de Piqué e de Busquets na recuperação de bola e nas diagonais) preferindo a frequência de passos curtos e aproximados. Por um lado é um tipo de corrida que facilita a relação com a bola (o controle) ou o corte no passe adversário; pelo outro proporciona – junto com a organização e o posicionamento em campo – uma considerável economia energética.

O Barça também, como os times do Mourinho, não se importa com as ordinárias mitificações fisiológicas (picos de forma, velocidade e resistência separadamente); porém – diferentemente do português, mais focado na economia neurobiológica, ou seja, no metabolismo cerebral – o sistema *blaugrana* trabalha diretamente a máquina muscular. Tudo, na máquina, depende da contração, porque os músculos posicionados ao longo do esqueleto favorecem a abertura e o fechamento dos segmentos ósseos na medida necessária. A contração é alimentada por proteínas filamentosas (miosina e actina): mais precisamente, a miosina transforma a energia química do trifosfato de adenosina (ATP) em energia mecânica, ou seja, em movimentação. Mas os recursos de ATP (exatamente o terceiro fósforo da composição) são limitados, e o organismo de um atleta, para renovar suas fontes, pode apelar para duas tipologias de metabolismo: o aeróbico, que é caracterizado pela veiculação de oxigênio para os músculos através dos glóbulos vermelhos; e o anaeróbico, que apela para as reservas de açúcares separados através da glicólise. E assim como o metabolismo aeróbico requer um grande esforço cardiocirculatório (para que sangue veicule o oxigênio), o anaeróbico, em contrapartida, sofre com a produção de ácido lático, cuja acumulação acaba impedindo a glicólise. A diferença pode ser facilmente encontrada entre os atletas que focam em resistência, como os maratonistas, ou seja, os esportistas com uma musculatura de fibras vermelhas; e os atletas que trabalham esforço ou velocidade (pulos, levantamento de pesos, cem metros rasos) ou seja, os "anaeróbicos", que apresentam uma musculatura com fibras brancas geralmente solicitada por contrações mais aproximadas e dispendiosas.

    A corrida do jogador de futebol – eis o foco da questão – requer 90% de energia aeróbica e apenas 10% da anaeróbica; porém, apelar para estes 10% significa correr o risco de ultrapassar o que chamamos de "limite anaeróbico" que, de fato, marca o momento em que o atleta começa a acumular ácido lático e cansaço até chegar a sentir câimbra e mal-estar. Os treinamentos tradicionais focam justamente na incrementação deste limite (que pode ser medido através de simples testes de frequência cardíaca); parece ser um método eficaz porque, conforme as estatísticas, os futebolistas passam 75% do jogo abaixo do limite. A corrida do Barça procura ir além disso: graças – de novo – à proximidade, os jogadores nunca percorrem uma quantidade excessiva de metros numa vez só e não precisam se lançar em arranques prolongados (talvez aconteça mais com os atacantes, nas movimentações sem bola), evitando o uso do metabolismo anaeróbico e por isto ficando abaixo do "limite". Ronaldo, "o fenômeno", não caberia mesmo neste contexto. Além disso, o estresse metabólico depende de alguns detalhes técnicos: um drible feito numa velocidade de corrida de quatro metros por segundo, por exemplo, requer um aumento de 7% do consumo metabólico em comparação com uma corrida simples na mesma distância: por isto o foco no "drible funcional" (já teorizado por Michels) é um dos cânones do "futebol total". E se prestarmos atenção, podemos reparar como alguns momentos aparentemente "decorativos" do Barça – o denso emaranhado do *tiki-taka* – servem justamente para reduzir o uso de dribles, reservados para outras situações (para sair da marcação feroz do adversário ou abrir espaço e alcançar a superioridade numérica nos últimos metros).

Outro aspecto muito importante é o efeito neuropsicológico da concepção "Barça" na relação entre atenção e tomada de decisão dos jogadores e do time inteiro. Aqui voltamos para as bactérias e a diferença entre "selecionismo" e "instrucionalismo", ou seja, entre um modelo que "antecipa" (e propõe) e um que espera (e responde).

Nosso horizonte cognitivo – principalmente nos eventos densos como um jogo de futebol – precisa interagir com um ambiente repleto de imprevistos e surpresas. Uma atitude ativa é a maneira melhor para reduzir o imprevisível e para acelerar a velocidade de reação. Procurar a informação é bem mais importante do que recebê-la passivamente. Por isto, a neuropsicologia costuma diferenciar *o arousal* – o *status* energético geral, o alerta permanente – e o esboço, a disposição momentânea para uma tarefa específica. Um time que "joga por zona" (especialmente no "futebol total") baseia a organização – tanto individual quanto grupal

– no *arousal*, ampliando e compartilhando o campo de atenção para diminuir os esboços individuais; uma equipe que joga com marcação "no homem" – ou casual e pouco organizada – encara muitas situações imprevisíveis, e depende dos esboços individuais de jogadores quase sempre isolados e sobrecarregados. E, além disso: conforme estudos recentes, os mecanismos nervosos da "atenção espacial" (diferente da atenção para objetos) coincidem com os que geram ações: o que justifica as maiores elasticidade e velocidade de execução dos times que adotam um sistema "por zona".

Dentro desta perspectiva, focar na memória de trabalho ou no inconsciente operacional é uma ferramenta fundamental para diminuir a imprevisibilidade (e conter a emocionalidade): na hora em que estamos aprendendo a dirigir, por exemplo, prestamos atenção em cada gesto e em cada ferramenta (volante, pedais, câmbio); depois da primeira fase, quando já integramos o processo, conseguimos conversar enquanto estamos dirigindo. Este tipo de exercício pode ser perigoso para um time. A metabolização de sistemas e automatismos não é suficiente, pois do ponto de vista adaptativo "o habitual" não coincide sempre com "o adequado". As equipes de Lobanovskij, com o mecanismo exasperado, aparentavam isto: nos automatismos rígidos demais e vinculantes não cabe a plasticidade necessária para efetivamente reduzir a imprevisibilidade do ambiente.

Nesse aspecto, o Barça – em paralelo com o método Mourinho – progrediu consideravelmente. A automatização dos "conceitos" mais do que dos sistemas favorece uma alta elasticidade cognitiva, um equilíbrio entre inconsciente operacional e interpretação instantânea dos próprios conceitos. E como se o *continuum* da posse de bola coincidisse com o *"continuum de elaboração"*, premissa para manter uma coerência no sistema, executando a cada vez a tarefa adequada, sem cair em distrações e sem deixar que o adversário imponha as "tarefas executivas". Somente dessa maneira é possível levar o antigo ensinamento de Michels para o grau máximo: entender, de acordo com as situações, quando ter uma atitude simples ou complexa, quando ser analítico ou ser sintético.

Os grandes sucessos do Barça dos últimos anos (na Espanha e na *Champion's League*) acabaram sendo irradiados nas duas vitórias da "roja" (a seleção espanhola): o Europeu de 2008 e a Copa do Mundo em 2010.

Foram duas campanhas vitoriosas muito diferentes. A Espanha de Aragonés surgiu bem na época da passagem entre o Barça de Rijkaard – que saiu da Catalunha durante a competição europeia – e o de Guardiola. O velho e experiente técnico adotou somente uma parte do modelo *blaugrana* e fez um trabalho de colagem para a seleção do orgânico: com Puyol, Xavi e Iniesta vieram Casillas e Ramos, Marchena e Capdevila, Silva e Torres. Principalmente, apareceu Marcos Senna para fazer a marcação rigorosa em frente à zaga de um time – comparado com o da Copa do Mundo – com a posse de bola mais contida, menos *pressing* e mais contra-ataque; em suma, um time menos eurítmico e mais viscoso.

Do ponto de vista especificamente estético, de fato o melhor futebol daquele torneio foi o da Rússia, liderada por outro técnico lendário dos *orange*, Guus Hiddink, espírito livre, genial, como Happel ou Mourinho. A seleção euro-asiática juntava em si a marca holandesa (diálogo rápido num tabuleiro de xadrez de infinitas coreografias sem bola) e a antiga memória ucraniana (os inconfundíveis cortes horizontais "de rúgbi" da movimentação típica do Lobanovskij). Apesar disto, a Fúria Vermelha derrotou o time de Hiddink duas vezes e pelo mesmo placar (3-0), a segunda – em semifinal – matando o adversário com um altíssimo nível de lucidez e frieza tática.

Na Copa do Mundo de 2010, a qualidade de jogo da Espanha foi inigualável. O sábio fidalgo Del Bosque montou um time sinuoso e concreto, insertando o dobro dos jogadores *blaugrana* no orgânico (6/11 ou sete se considerarmos David Villa, contratado no mesmo verão pelo time do Barcelona). Cientes do único limite do time (no ataque), os espanhóis buscaram manter o "controle total" prevenindo qualquer surpresa: era como se estivessem jogando na beirinha de um barranco matemático: na pior das hipóteses dava 0-0, na melhor 1-0. E foi isto que aconteceu nos jogos a partir das oitavas para a frente, especialmente contra a Alemanha e contra a Holanda: ápice absoluto, o primeiro tempo contra os alemães, memorável por ritmo, amálgama e sincronismos, com ou sem posse de bola. Na noite da final, por sinal, a história do futebol pareceu virar pelo avesso, com uma Espanha "holandesa" derrotando uma Holanda pragmática.

De toda forma, o sucesso espanhol compensou e medicou parcialmente o ambiente do time catalão: jogadores, torcida e diretoria do Barça. O ano de 2010, para eles, é o ano blasfêmio do "Grande Inimigo" Mourinho, o homem que eliminou o Barcelona da *Champion's League*, ganhando tudo que pudia ganhar naquele ano. A partir daquele "cruel" mês de abril (no dia 28 teve o jogo de volta no Camp Nou) a Catalunha inteira começou a preparar o momento da vingança. E a espera virou paroxística desde a noite de 22 de maio, em que Mourinho, depois de derrotar o Bayern de Van Gaal no Bernabeu, subiu no carro preto do Florentino Perez para definir sua passagem para o Real Madrid.

Dentro dessa aversão (claro que é recíproca) cabem diversos elementos: o fato de que o português começou sua carreira no Barça, trabalhando como "tradutor" de Robson primeiro e, em seguida, de Van Gaal, fazia com que ele fosse visto como um "escalador"; o sistema de jogo dele, considerado – erradamente –um misto pragmático de *catena-*

ccio, contra-ataque e força física; os jogos precedentes entre Barça e Chelsea, caracterizados por muitas polêmicas a respeito da arbitragem; e a imagem do Mourinho controversa e amoral, para os *blaugrana* ele é algo entre um servo dos presidentes bilionários e um fanfarrão capaz de qualquer ação desleal para ganhar. Cruijff, resumindo a aversão *blaugrana* a respeito do assunto, disse que o Mourinho é um "mestre do mal" do ponto de vista pedagógico que promove um modelo técnico-tático triste de antifutebol.

Tudo foi se ampliando aos poucos, até chegar nas proporções de um contraste maniqueísta, com o clube *blaugrana* que assumiu o papel de heroico vingador liberador. Teve até um momento em que a disputa chegou a parecer com um conflito do *Senhor dos Anéis*, de Tolkien: os pequenos jogadores do Barça contra os do Mourinho, como os hobbits contra os Nazguls, os cavaleiros escuros; a Catalunha como o condado, minúsculo enclave que determinaria o resultado final do conflito; Mourinho (e o Real) como Sauron e Mordor; a vitória do futebol como a destruição do anel no Monte Fato, de repente com o Messi como Frodo.

A realidade é mais prosaica. Sem voltar para todos os Barcelona vs Chelsea, é suficiente olhar para a dupla semifinal de 2010. Com certeza o Barça teve do que reclamar: em San Siro, em particular, um pênalti ignorado no Alves e um gol do Milito em posição de impedimento. Porém no jogo de volta a expulsão do Thiago Motta – que afetou a tática de jogo – foi quase surreal: aquele olhar de Busquets, que com esperteza provocou a sanção, imortalizado pela TV, aparecendo entre os dedos da mão como uma imagem do "Fim dos Tempos" no Juízo Final de Michelangelo. O comportamento do Barça, de fato, antes e depois daquele jogo, não foi irrepreensível: antes, com ameaças inapropriadas (Piqué: "os jogadores da Inter vão lamentar ser futebolistas por noventa minutos); depois, com atitudes "histéricas", por exemplo Victor Valdés que tentou impedir Mourinho de alcançar a arquibancada dos torcedores da Inter. Talvez o experiente Mircea Lucescu exagere ao afirmar que o Barça demonstra *fair play* "apenas quando está ganhando"; mas santificar o time *blaugrana* seria realmente impossível.

A verdade é que o sistema do Barça e a perspectiva de Mourinho, hoje em dia, são (com todas as analogias e as diferenças) as duas "modas" dominantes do futebol. E na noite de San Siro Mourinho montou uma obra-prima: sem pressionar os condutores da bola (mas marcando em cima dos suportes) e coordenando com nexos inexoráveis *pressing* seletivo e transição imediata, conseguiu separar o enxame (ou o rebanho) em diversos microjogos isolados; ou, em outras palavras, conseguiu trazer o sistema "quântico" de volta para o "peso" da física tradicional, sob efeito da força de gravidade.

Pena que na noite de 29 de novembro de 2010 (a da *manita*) a mesma operação não tenha dado certo; muito pelo contrário. Embora não faltem motivações plausíveis para o Real (primeira a questão de ser um time ainda em construção), o Barça fez um jogo histórico: a vingança não foi sangrenta, mas foi uma pura emissão de fótons, de "*quanta* de luz". Naquela noite o Real, apesar de ser um time moderníssimo, foi muito linear; o Barça não era nada linear, em termos de plasticidade não rentável. Parecia estar assistindo a um jogo entre um corpo sólido e um corpo líquido. Um time concreto (até fisicamente) tentando plantar pregos na água. Os *blaugrana* exaltaram todas as características gerais e específicas. O time posicionou-se em 20/30 metros, cobrindo toda a largura do campo nos momentos de necessidade, com a linha defensiva na altura do meio de campo e usando sistematicamente a ferramenta do impedimento. Naquele jogo todas as fases com ou sem a posse de bola refletiam-se uma na outra, jamais interrompendo a sequência.

Nas fases de posse, especialmente, os *blaugrana* conseguiram ampliar o espaço com oscilações constantes da bola (centro-lateral, lateral-centro) ou com lançamentos horizontais para trocar de lado, em que apareceu toda a habilidade técnica individual (golpes de efeito, matadas de bola, dependendo do caso): o esperado era levar o *pressing* do Real à "loucura". Detalhe: a elegância do diálogo para avançar no campo, com combinações clássicas como a tabelinha interna (passar a bola para um jogador marcado e de costas para o gol que imediatamente devolve a bola para o companheiro em penetração), executadas com perfeição e velocidade inigualáveis. Na fase sem bola, os jogadores – desta vez mais próximos e móveis – construíram "pontos fortes" sem parar (concentrando até seis homens na mesma área), impedindo a "saída" do Real (que eventualmente aconteceria apenas duas ou três vezes com o elegante Ángel Di María), até nos arremessos laterais.

Todos os gols surgiram de dinâmicas de jogo exultantes (mesmo com a cumplicidade do goleiro Casillas, principalmente no segundo gol): vejam o terceiro (grande corte de Villa no passe filtrante de Messi) e o quarto (novamente Messi para Villa, com o laser de trinta metros de distância). Entre todos, o primeiro resume toda a habilidade da equipe e de um jogador. É um gol que precisa ser revisto várias vezes para se perceber o exato momento em que Xavi-Hernandez aparece, desaparece e reaparece: antes dispõe a jogada, na saída da própria área de defesa, defendendo e passando a bola para um companheiro; depois aparece no meio de campo, logo em seguida, ditando a cadência da troca de passes, com um toque de primeira; e finalmente – depois de um corte sem bola – mete um gol aproveitando um lindo passe filtrante de Iniesta. Tudo acontece numa continuidade impalpável, em três sequências, como se fossem três "pacotes" de uma radiação. Xavi: jogador quântico por excelência num time quântico.

A partir dos 30 minutos do segundo tempo, exasperados pela posse de bola do Barça e decepcionados pelo resultado, os merengues começaram a cometer uma série de faltas "de frustração". Cena que se repetiria na dupla semifinal da *Champion's League* em abril-maio de 2011. Apesar de melhorar muito o resultado desde a *manita* – e sobretudo depois da nova "normalização" dos *blaugranas* com a vitória da Copa do Rei – o Real Madrid não pôde recriminar nada a respeito daqueles dois jogos: a discussão sobre as decisões do árbitro (que anulou um gol de Higuain no Camp Nou) não abafou a distância entre os dois times. Nessa nova dupla ocasião apareceu, mais uma vez, a forte diferença entre um time "quântico" e um "clássico": símbolo dessa distância foi Mourinho citando Einstein antes do jogo; ou seja, ele citou justamente o gênio que não acreditava nos aspectos mais radicais dos *quanta*.

Chegamos, assim, à noite de 28 de maio em Wembley, Barça vs Manchester United. O time catalão chegou à final com relativa facilidade (o obstáculo mais complexo de ultrapassar foi o Arsenal de Wenger), os ingleses também disputaram um belo torneio (vejam o duplo jogo contra o Chelsea). Muitos observadores, mesmo considerando o Barcelona como favorito, previram um certo equilíbrio.

Do ponto de vista da identidade estético-antropológica, o desafio podia ser comparado com uma disputa entre o estilo Gótico e o Românico, ou entre o Barroco e o Neoclássico. Mais precisamente, por um lado os grande *retablos*, as tábuas pintadas e/ou esculpidas, muito populares na Espanha entre o século XIV e o XVII, repletas de objetos e personagens para disfarçar o horror *vacui* (medo do nada): porém não qualquer *retablo* – como os das igrejas menores, maciços e exasperados – mas aquelas obras cuja beleza é expressada pela leveza, como na catedral de Sevilha, ou – para citar lugares da Catalunha – nas igrejas de Santa

Maria de Cadaqués ou de Santa Maria d'Arenys de Mar, em que aparece a arte genial do excelso Pau Costa. Pelo outro lado, as grandes catedrais e basílicas inglesas das primeiras épocas: edifícios em pedra rústica com simetrias rigorosas e regulares, com paredes perimetrais maciças, ornamentos essenciais e corredores luminosos. O Manchester United naquela noite parecia simbolizar os edifícios de Durham (lugar do velório de Bobby Robson) e de Winchester, por causa do *pressing* coriáceo mas não obsessivo, da zaga não muito avançada e dos arranques afiados, largos e areosos, capazes de agredir e aguentar, de produzir *forcing* e conter.

Porém como em outras ocasiões – mais do que em outras talvez – a diferença "dimensional", no sentido físico-matemático, apareceu para acabar com o sonho obsessivo de Sir Alex Fergusson (alcançar Bob Paisley, detentor individual de três títulos da *Champion's League*), que já havia se desiludido na final de 2009 em Roma.

Em comparação com aquela noite de Roma, a diferença entre as duas equipes foi bem maior. Podemos, de fato, dizer que foram dois jogos num só. O primeiro foi até os 15 minutos de jogo e o outro aconteceu durante os setenta e cinco minutos restantes. O primeiro jogo foi dominado pelo Manchester United, com o time e o *pressing* avançados e amplos (como o Real Madrid na Copa del Rey) e até umas tentativas de contraposse de bola. Park e Carrick, por exemplo, estavam posicionados no limite da área *blaugrana*, deixando o Alves – mais que os outros – em dificuldade. O Barça estava sendo obrigado pelos Red Devils a desenvolver a fase de posse de bola numa posição muito recuada, situação que atrapalhou muito o sistema do time: não conseguia avançar o centro de gravidade, ficou preso, apelou até – sintoma alarmante – para os lançamentos longos para pular o meio de campo. Ápice dessa fase difícil: a batida violenta entre Piqué e Valdés aos 10 minutos, um impacto quase letal.

O Barça, diante do momento difícil, não perdeu o controle e elaborou em poucos instantes o modelo de adaptação: foi emocionante – para quem gosta mesmo de futebol – ver a coisa acontecer. No momento de maior dificuldade não reagiu fechando ainda mais a zaga (nem saberia como fazer isto, a bem da verdade). Tentou sair da cerca dos Red Devils com golpes de pura técnica, como se, naquela fase delicada, estivesse lutando para não se afastar do seu princípio-guia. Em seguida – depois de assimilar a inevitável dose de emoção do começo de jogo – os *blaugranas* aplicaram todas as variáveis implícitas do sistema para evitar o efeito do anticorpo: o impedimento para impedir as incursões do adversário, as trocas de lado para desmembrar o *pressing*, o aproveitamento de todo o campo, chegando até Valdés (à moda Van Gaal) para retomar o fôlego; os recuos dos atacantes para oferecer suporte (Messi, Villa e Pedro). Este foi o momento em que o Barça mudou novamente a dimensão: depois de ficar quinze minutos preso ao mundo pesado da física clássica, o time voltou para a dimensão quântica.

A última questão, agora com o centro de gravidade avançado, era de não conseguir amplitude nos ataques, pois o Manchester United estava congelando o espaço com um 4-4-2 rigoroso e sólido. Eis a adaptação final: o Barça começou a buscar profundidade nas jogadas. Mais ou menos na altura do vigésimo minuto do jogo, o Manchester já estava encurralado; no minuto vinte seis capitulou, com um passe diagonal de Xavi (um daqueles passes preferidos por Cruijff) para a entrada de Pedrito em velocidade.

O jogo virou pelo avesso. Apesar do empate ilusório do Rooney (com dupla combinação e assistência final de Giggs, em suspeita posição de impedimento), o Barça jogou o fim do primeiro tempo e a primeira meia hora do segundo tempo no topo de sua qualidade. Posse de bola e *pressing* fundidos numa única dinâmica: aos 7 minutos do segundo tempo um lance coordenado de movimentações sem bola, para livrar o Alves da marcação, evidenciou claramente a desproporção entre os dois times; e um minuto depois Messi fez gol (com uma ajudinha do Van der Sar). A partir daquele momento, o Manchester United virou o Real Madrid da *manita*: percebeu que a força física havia se tornado uma fraqueza, começou a bater (principalmente Valencia e Carrik), sofreu o terceiro gol (grande lance de Messi, com o suporte de qualidade do Busquets, bem avançado para retomar e devolver a bola) e desistiu do jogo.

Para o ambiente *blaugrana*, o momento em que Abidal – ainda se recuperando de um tratamento cirúrgico para um câncer no fígado – levanta a copa, é um dos mais importantes de toda a história. Para Josep Guardiola é a conjunção-superposição das duas vitórias em Wembley, uma como jogador (em 1992, a primeira dos *blaugranas*) e a outra como técnico: e assim como naquela noite de 1992 a camisa laranja simbolizou o revezamento Holanda-Barça, na madrugada de 2011, o torpedo de Guardiola para Sacchi dizendo: "Somente você pode me entender..." simbolizou a forte conexão com o Milan.

Naquela noite algo mais aconteceu: uma coisa que remete às raízes remotas do "futebol total" e do próprio Barça.

No filme *O Grande Truque* (2006), Cristopher Nolan encena a rivalidade entre dois ilusionistas, Robert Angier e Alfred Borden: Angier fica obcecado pela performance mais surpreendente de Borden, o "transporte humano", em que o mágico rival entra por uma porta e sai de outra, colocada a alguns metros da primeira, em dois segundos. Sem conhecer o segredo de Borden (a existência do gémeo Fellon), Angier embarca numa aventura para chegar até Colorado

Springs e mais precisamente no laboratório do controverso cientista sérvio Nikola Tesla (o ótimo David Bowie), personagem que no filme aparece como adversário "real" de Thomas Edison. O Tesla "histórico" ficou famoso por causa das experiências com a "corrente elétrica alternada"; no filme, Angier o procura por causa da sua suposta capacidade de construir máquinas para a materialização de "cópias" de seres humanos, algo entre o teletransporte e a duplicação da matéria.

Durante uma das cenas desmistificadoras do longa-metragem, Angier – que acabou de deixar para trás o laboratório de Tesla depois do enésimo fracasso – encontra no mato em frente à mansão dezenas e dezenas de tocas pretas: seriam as "cópias" de chapéu dele, que a máquina de Tesla estava conseguindo materializar, porém num local e num tempo levemente diferentes. Graças à revelação, Angier consegue duplicar a sua própria pessoa na performance do "transporte humano".

Na noite de 28 de maio em Wembley, antes do jogo, o chapéu "tema" não é a toca, é o chapéu-coco: usado por uma criança e por Gary Lineker, além de que por dezenas de comparsas da coreografia de abertura do jogo, fantasiados de verdadeiros funcionários da City, como as personagens que enchem o céu nas pinturas de Magritte.

Quase sem dúvida, o multiverso e os universos paralelos – a tese de que haveria uma cópia de cada um de nós em cada universo – assim como o teletransporte, representam corolários metafísicos indébitos e delirantes da mecânica quântica. Porém, naquela noite, parecia que a máquina de Tesla tinha reproduzido algo: os chapéus-coco pareciam cópias do original de Jack Reynolds, o remoto fundador do "futebol total". Naquela noite o "velho e querido Jack" estava junto.

TODAS AS MANHÃS DO MUNDO

"A alegria de viver e de não ter de se justificar por causa disso".
Roberto Bolaño, *Entre Parênteses*

Precisamos encarar uma última etapa para chegar ao fim desse percurso, o enigma do transplante holandês. Por que a revolução *orange* afetou justamente a Espanha, ou melhor a Catalunha? Por que exatamente naquele lugar?

Afinal, ao longo da história – afora as incursões dos mercantes holandeses em Sevilha – sempre aconteceu o contrário. Os espanhois sempre tentaram colonizar o País Baixo: no tempo de Felipe II, por exemplo – no mesmo período dos conflitos com a Inglaterra e da queda da *Invencible Armada* – a Espanha enviou para o norte duas forças repressivas, visando acabar com a insubordinação calvinista em relação ao catolicismo do Império Central. Antes (1568) a do Duque de Alba, que marchou com 10.000 homens e instituiu o que ficou tristemente conhecido como o "Tribunal do Sangue", executando nas praças públicas de Bruxelles até nobres e católicos moderados, e assim incentivando à luta um povo que na verdade precisava ser acalmado; depois de dez anos, foi a vez de Alessandro Farnese, que também foi duro, mas manteve mais a calma e resguardou a diplomacia nas suas ações. Olhando fundo para a questão, na verdade, a Holanda e a Inglaterra eram adversárias da Espanha, do Império castelhano: a Catalunha – autonomista – era e é uma entidade independente. Aliás, a regra de ouro de toda guerra estabelece que: "o inimigo do meu inimigo é meu amigo".

Bom, mas além desse aspecto histórico sugestivo, o que impressiona mesmo são as homologias/analogias geopolíticas e culturais entre as duas regiões do "futebol total". A Catalunha tem uma superfície territorial menor do que a Holanda (e a metade da população) mas maior do que a Bélgica: e como os holandeses, sente fortemente a questão identitária, tem alta produtividade e um alto grau de educação. São comunidades ricas, que pertencem à vanguarda social e cultural, muito compactas e coesas, ambas com orgulho de sua peculiaridade e seletivamente abertas para influências externas. A diferença é que a Holanda consolidou este processo muito tempo atrás; a Catalunha o completou justamente em sintonia com o desenvolvimento do futebol *blaugrana*.

Na época de Michels e Cruijff (jogador) no Barcelona, a Espanha sofria ainda os últimos golpes duros do franquismo: entre 1973 e 1975 cerca de mil sindicalistas foram processados e muitos deles foram condenados a pagar com a vida; e somente a partir de 1970 o país começou a gastar mais verba com a educação do que com o exército. Depois da morte do Caudillo (em 20 de novembro de 1975), a Catalunha reagiu imediatamente: coerente com o autonomismo, em diversas ocasiões promovido pelo clube já desde 1932 (como disse o próprio Cruijff), obteve o repristino da *Generalitat* em setembro de 1977, um ano antes da nova constituição nacional. Esta mesma época também marcou o fim da censura (com a liberação de filmes como *O Grande Ditador*, de Chaplin) e a consequente volta da liberdade de expressão (com o nascimento dos jornais impressos laicos, como *El País*, que em dois anos acaba com o *ABC*).

Cruijff virou técnico (1988) na época da grande revolução arquitetônico-urbanística, uma revolução que fez com que Barcelona se tornasse, na década de 90, "a cidade dos arquitetos", apelido que acabou sendo usado, às vezes, em sentido irônico. Não estamos falando apenas das imensas Torres de Calatrava ou de Jean Nouvel, do Museu de Arte Contemporânea de Richard Meier ou do futurístico mercado de Santa Catarina de Miralles e Tagliabue; houve uma reformulação urbanística radical visando remediar os desastres e os efeitos colaterais das especulações do período franquista: as favelas e a falta de infraestruturas. Um dos objetivos primários foi a requalificação dos espaços públicos em geral, com a criação de novas áreas de vida coletiva: a orla marítma do passeio Colón (Moll de la Fusta), por exemplo, em que a remoção dos depósitos comerciais do pier abriu a vista para o mar e fez o lugar virar um ponto de lazer importante da cidade. Outro objetivo foi integrar a periferia, por exemplo, através da conversão de áreas verdes "amorfas" em parques bem definidos. O resultado não foi diferente da ideia de espaços urbanos autônomos e integrados da Amsterdam de De Klerk.

Os Jogos Olímpicos de 1992, mesmo ano da primeira Copa dos Campeões dos *blaugranas*, tiveram um papel muito importante no desenvolvimento da cidade. Em função da manifestação esportiva, esta passou por uma série de intervenções (serviços e infraestruturas, a remoção de ruínas industriais e portuárias, a limpeza das praias e a depuração das águas) que levaram Barcelona a ultrapassar Madrid por qualidade de vida e a colocaram entre as cidades top do velho continente. E isto tudo, apesar de sofrer uma grande discriminação do governo central: no triênio anterior a 1992 o ministro da Cultura investiu dez vezes mais verba no desenvolvimento da cidade de Madrid do que na Catalunha, a ampliação do aeroporto de Barajas custou oito vezes mais do que a reforma do terminal de Barcelona.

A aversão pela capital aparentemente tem um significado bem preciso e acaba sendo expressada de uma forma bem feroz através da rivalidade no futebol. Claro que a bruta distinção entre o Real Madrid franquista e o Barça antifranquista ficou menos sentida: teve um grupo de republicanos da guerra civil entre os fundadores do Real Madrid e, além disso, a equipe dos merengues pagou um preço muito alto para a ditadura ao longo do período de governo de Franco: a apreensão e o "desaparecimento" de um presidente (o coronel comunista Ortega), a apreensão e a tortura de outro (Rafael Sánchez Guerra, ilustre republicano) e a morte de um vice-presidente e tesoureiro. Porém a aversão dos *blaugranas* não pode ser considerada injustificada por causa disso. A rixa começou em 1943 com uma semifinal de Copa del Rey: o jogo de ida foi 3-0 Barça em Les Corts, o de volta 11-1 para os merengues. As razões desse resultado ainda estão sendo muito debatidas, pois existem posições bem divergentes a respeito do assunto. Alguns dizem que foram os próprios torcedores *culé* que fizeram pressão nos jogadores para que perdessem o jogo, mas existem depoimentos bem mais plausíveis (como o do massagista do Barça Ángel Mur) sobre uma mudança noturna de hotel por razões de segurança pública, sobre o terror infligido ao goleiro e ao juiz e a visita aos vestiários do "sinistro" diretor da Segurança do Estado José Escrivá de Romaní. É claro, não podemos esquecer as vítimas *blaugranas* do regime, como o jovem presidente Josep Sunyol, preso numa emboscada e fuzilado imediatamente na Serra de Guadarrama. Apesar do alto grau de rivalidade, o ambiente do Barça sempre foi e continua sendo distenso e lúdico. O ícone dessa atitude é a frase que Cruijff disse para seus jogadores no túnel dos vestiários, antes de entrar no campo, em Wembley, para jogar a final de 1992: "Agora saiam daqui e divirtam-se". Mais uma vez, uma conotação típica de todas as expressões da Catalunha.

Depois da ópera de Orwell, a mais intensa "homenagem à Catalunha" é de Roberto Bolaño, grande escritor chileno que morreu (aos cinquenta anos de idade) em 2003. Ele foi catalão por adoção. Escapou da prisão de Pinochet graças à ajuda de um guarda (um colega da escola) e foi morar em Blanes, na Costa Brava, no começo da década de 80. Por muito tempo, dedicou-se a qualquer profissão – lavrador, vigia de um *camping*, vendedor, gari – e escrevia à noite. Em muitas matérias e ensaios ele elogia o lugar de adoção, a Selva Marítima, "um espaço vazio, o espaço do *hola-hop* infantil, o espaço sem tempo do Mediterrâneo, ou seja, de hortas, árvores e uma solidão hierática e orgulhosa". O que mais o fascinou foi a fusão de anarquia libertária com a intensidade cromática, típica de todos os lugares da Selva: Tossa de Mar, *il paradis bleu* para Chagall (que neste lugar pintou o *Violinista Azul*) e o lugar feliz de Ava Gardner (há uma estátua da atriz no local); Lloret de Mar, "sonho do proletariado europeu", com as "ruas democráticas e delirantes" em que "o jovem operário alemão conheceu a jovem operária holandesa, o triste divorciado inglês conheceu a triste divorciada francesa"; e a querida Blanes, com as praias frequentadas por "todos os europeus corajosos", ou seja, "as gorduchas e os gorduchos, os feios, os magrelos, as garotas mais lindas de Barcelona, os doentes terminais e os notívagos de ressaca". Para ele, o termo certo para definir Blanes e a Catalunha é *tolerância*, "uma tolerância que às vezes parece timidez mas que sabe ser enfática quando é preciso"; e o correlato profundo desta tolerância é a primavera em Blanes, o momento em que irrompe "a alegria de estar vivo e de não ter de se justificar por isso".

Esta visão da tolerância – a integração do discurso de Bolaño – parece se fundir com a inconfundível luz catalã: uma luz nítida porém quieta, em alta definição porém extensa e envolvente: uma luz que ilumina sem incendiar. Quem já foi para lá, mesmo uma vez só, sabe de que estamos falando: é a luz de Cadaqués ou de Calella de Palafrugell – norte da Selva Marítima – ventosa e homogênea; ou a luz que ressalta (no interior) a Seu Vella, a catedral branca no topo do morro de Lleida, acessada desde a cidade baixa por um elevador. Daqui, desde as janelas enormes de um adro gótico-islâmico, dá para ver toda a Catalunha, até os Pireneus.

Esta luz, por sua vez, parece se fundir com a música e os músicos, como um costume do Barça comprova. Quando morre alguém representativo para o clube, é habito homenagear o falecido com as notas de um grande violoncelista catalão da gema, Pau (Pablo) Casals, que morreu exilado em Porto Rico em 1973, antes da queda de Franco. A gravação dele acompanhou recentemente a despedida de Eduard Manchón, lendário atacante da época de Kubala. Os antigos companheiros dele participaram do cerimonial.

Para resumir tudo – o transplante anglo-holandês, a luz e a música *blaugrana* – talvez seja importante lembrar de uma revolução paralela e parecida com a do "futebol total", mesmo sendo um movimento bem mais de nicho: a nova interpretação da música "antiga", da idade média até o barroco. Tudo acontece no mesmo período e principalmente na mesma área geográfica (Inglaterra e Holanda), com novos parâmetros de execução (instrumentos originais, conjuntos menores, respeito à retórica musical da época) devolvendo para um amplo repertório – do gregoriano até Bach – uma fineza e uma riqueza de frases, tonalidades e nervuras emocionais esquecidas. O impulso dessa revolução pode parecer contrária à do "futebol total", ou seja, mais atrelada a uma reforma reveladora do que a uma nova criação; mas o efeito, na verdade, é o mesmo deslocamento prospectivo. Neste âmbito, também temos uma galáxia composta por muitas constelações. Músicos pesquisadores, como o inglês David Munrow (falecido com apenas trinta e três anos de idade) ou o pianista holandês Gustav Leonhardt, violinistas e violeiros belgas como os irmãos Kuijken, regentes como o austríaco Nicolaus Harnoncourt, nos revelaram paisagens feitas de timbre e afetos inimagináveis. Brincando com as analogias, é fácil reconhecer a semelhança entre estes mestres da música e os ingleses Reynolds e Buckingham, o holandês Rinus Michels, os belgas Goethals e Thys, o vienense Ernst Happel.

Este tipo de execução inovadora (e controversa) ganhou, hoje em dia, novos intérpretes justamente na Catalunha. Um desses – Albert Recasens, criador da Grande Chapelle – gravou obras-primas de um gênio catalão que viveu entre o século XVI e o XVII, Joan Pau Pujol. Ao escutar um vilancico (canto popular) do autor intitulado *Si Del Pan de Vida*, percebemos a essência da luz e da vitalidade catalã, através de uma composição polifônica que aos poucos vira mais sinuosa e envolvente, até chegar numa incrível convergência de força e delicadeza. Diferentemente da música nórdica do mesmo período, nesta composição a dinâmica e a fusão das vozes são introduzidas e guiadas pela "linha" de uma soprano, de uma emocionante voz feminina. Talvez o sistema de jogo do Barça não seja diferente: a complexidade polifônica – as vozes dos jogadores, todas primárias e gregárias – se baseia no princípio-guia de um jogo com marcas de sedução e delicadeza "femininas", diferente da virilidade e da dureza pragmática de muitos outros times.

Outro – mais famoso – intérprete catalão (de Igualada) é o violeiro e regente Jordi Savall. Dentro do imenso repertório dele, ganhou destaque a memorável trilha sonora do filme de Alain Corneau, *Todas as Manhãs do Mundo*. A história acontece na França do século XVII e conta sobre o relacionamento difícil entre um aluno genial porém fátuo (Marin Marais) e um mestre reservado, o ilustríssimo senhor de Sainte-Colombe, que tenta evocar – através da sonoridade da viola – os traços da mulher falecida precocemente. A viola de Savall – com a profunda variação de tonalidades – evoca a paisagem e a luz da Catalunha.

Todas as Manhãs do Mundo é uma expressão que proporciona uma simultaneidade extensa: por amplitude e convergência. Bolaño escreveu que as ruas de Lloret de Mar "parecem uma mistura de todas as ruas da Europa"; isto, não apenas por causa da confluência multiétnica de moradores e turistas, mas pela concentração topográfica do lugar, tanto é que um dia, em Berlim, o autor teve a impressão de ver uma "parte de uma rua" de Lloret. É uma metáfora da Catalunha como elo de conexão de diversos lugares e vivências. A mesma coisa, justamente, vale para o Barça, o time que hoje em dia junta e funde segmentos de tantas equipes do passado: o Ajax e o Liverpool, o Milan e o Dínamo Kiev e até o esquecido Spartak Trnava.

Em todas as manhãs do mundo – na Masia – há um time que treina como se estivesse juntando em si "todas as equipes do mundo" (claro, as equipes do "futebol total"), como se uma única constelação refletisse a luz recebida de todas as outras da galáxia.

THE TWILIGHT ZONE
O futuro do "futebol total"

> "Agora, esta inspiração que obedece cegamente
> a qualquer impulso, na verdade, é escravidão".
> Raymond Queneau, *Segni, cifre e leterre*

Entre o fim da década de 90 e os primeiros anos do novo milênio apareceram muitas propagandas de futebol futurístico-experimental, produzidas pelos melhores diretores em circulação. Cineastas estimulados pelos cachê das *corporações* comissionadores e pela compatibilidade de suas linguagens com o objeto em questão.

A propaganda da Nike de John Woo, por exemplo, filmada por três *steadycams* capazes de capturar as imagens numa velocidade de 150 *frames* por segundo no aeroporto do Rio de Janeiro, com Ronaldo, Denilson e Romário que driblam entre os passageiros, os guardas e as bagagens: e as duas propagandas de Tarsem Singh, uma com Lúcifer no Coliseu (1996) e principalmente aquela intitulada *The Mission* (2000) com o ataque noturno de jogadores liderados por Van Gaal contra uma legião de samurais-ninjas (com máscaras de esgrima cobrindo seus crânios à moda *Mars Attacks!*) num edifício neoclássico, para resgatar uma bola preciosíssima.

De toda forma, a propaganda principal da *corporação* de Ronaldo é provavelmente a de 2001 de Terry Gilliam, diretor de *Brazil, As Aventuras do Barão de Munchausen* e *O Exército dos Doze Macacos*, intitulada *O Torneio Secreto*. Secreto pois acontece "longe dos olhos do mundo" dentro de um navio em alto-mar, na madrugada, com vinte e quatro grandes jogadores (Roberto Carlos e Ronaldo, Figo e Henry) divididos em oito equipes, num mata-mata baseado na regra do "gol de ouro" (quem marca primeiro ganha). Mais do que um torneio, é uma visão onírica exaltante e terrificante: os jogos acontecem numa jaula transparente e claustrofóbica, numa velocidade vertiginosa e com carrinhos proibidos; a bola aparece na jaula caindo por um bueiro-grade no teto; os gols-nichos têm redes de aço flexível, e não há juiz mas apenas Cantona (jogador conhecido pela sua agressividade) usando uma roupa preta, que observa a competição desde uma posição elevada com um sorriso sádico e sarcástico. Tudo acontece em sequências turbo que fundem o translúcido dos néons e o verde podre do ambiente, ao ritmo de *A Lttle Less Conversation* de Elvis Presley no arranjo agressivo de JXL.

É uma propaganda perfeitamente simétrica com o comercial comissionado quatro anos antes pelo "grande inimigo" Adidas, desenvolvido pela agência Leagas Delaney e hiperpremiado. Nessa outra propaganda, todo elemento prefigura um cenário futuro (próximo ou remoto) entre *Rollerball* e *Blade Runner*: os elevadores/ônibus mexendo verticalmente (em direção aos vestiários) e horizontalmente (em direção ao estádio); as chuteiras "congeladas" em celas frigoríficas; as arquibancadas altíssimas desenhadas num estilo Neobauhaus monumental e angustioso, revestidas por telas trinitron em que o público virtual aparece, entusiasmado e vibrante; e o jogo – principalmente – em que cada estrela do futebol encara seu próprio clone (Zidane, Beckham, Sammer, Desailly, Del Piero, Redondo e até o técnico Beckenbauer): uma alusão explícita aos replicantes Nexus-6 do filme de Ridley Scott.

O elemento unificador de toda essa produção é a capacidade de resumir a ambivalência – ambiguidade do futebol e do mundo contemporâneo. De condensar, então, a superposição da atração para uma sociedade tecnológica científica que está transformando o ser humano e o estilo de vida, e a angústia para as incógnitas cognitivas e éticas implícitas da própria transformação. Os cones de sombra da fotografia dessas propagandas, por exemplo, parecem remeter para o lado obscuro das multinacionais comitentes (e das empresas irmãs de outros setores): por um lado o *outsourcing* e o trabalho (de exploração) exportado para os terceiro e quarto mundos para garantir a competitividade no primeiro; pelo outro uma invasividade econômica que contribui – com as exigências midiáticas – para a lotação das agendas até chegar na distorção patológica, com campeonatos com um número excessivo de times, uma *Champion's League* interminável e muitos amistosos de *merchandising*. O efeito final desta invasividade – além de diminuir a importância dos compromissos das seleções – é a progressiva alienação do público. O fenômeno não tem a mesma dimensão em todos os países: pelo contrário, em alguns é muito restrito ou até em queda (como na Alemanha). Infelizmente, na Itália, por exemplo, a propaganda da Adidas com o público digital já virou realidade, e não apenas pela queda da venda dos ingressos e da presença nos estádios dos grandes clubes, mas porque em 2010, no estádio de Trieste apareceram umas gigantografias de torcedores virtuais dando a impressão de que as arquibancadas estivessem lotadas.

Ao mesmo tempo, estas propagandas concentram o impulso em direção a um futebol dinâmico, organizado, com um alto grau de intensidade atlética e mental: um futebol intrinsecamente "total", em que as posições alternativas correm o risco de coincidir com soluções anacrônicas. Dentro desta visão prospectiva a Europa, por enquanto, continua sendo o continente dominante. E para explicar esta hegemonia, é preciso esclarecer de uma vez por todas como o "futebol total" não esteja estritamente ligado ao resultado (e principalmente à vitória "a qualquer custo") ou à espetacularidade e à própria sedução.

Voltando para a sua topografia errática ("leste do sol, oeste da lua"), podemos perceber como algumas grandes equipes e às vezes inteiros continentes ficaram por fora do movimento. O Bayern de Munique e a seleção alemã do mesmo período da revolução *orange*, por exemplo, foram os times mais vitoriosos na história desse esporte, em termos de "densidade" de sucessos. Como Jvan Sica justamente apontou, entre 1971 e 1976 o desempenho alemão é impressionante: o Bayern naquele período foi tricampeão nacional, ganhou uma Copa da Alemanha, três Copas dos Campeões e uma Copa Intercontinental; a seleção alemã ganhou o Europeu em 1972, a Copa do Mundo em 1974 e perdeu na final do Europeu de 1976 (nos pênaltis) contra a Tchecoslováquia de Václav Ježek, grande técnico que soube aproveitar bem o trabalho de Malatinský no Spartak Trnava. Para igualar estes resultados, o Barça e a Espanha precisam ganhar mais uma *Champion's League* e chegar na final do Europeu em 2012. Porém, apesar de ter jogadores excelentes (como o magnífico Beckenbauer) e técnicos muito competentes (Udo Lattek e Dettmar Cramer, tão baixo que ganhou os apelidos de *der Laufende Meter*, "o metro que anda", e de "o Napoleão do futebol" – existe um retrato irônico dele, comissionado pelo próprio técnico, no Olympiastadion vestindo a farda do exército francês), o sistema de jogo daquelas equipes apresentava conotações bem tradicionais: baseado na corrida e na essencialidade dos passes, preferia a marcação forte ao uso do impedimento, o *forcing* ao *pressing* e o contra-ataque à posse de bola. Era a apoteose do futebol clássico, um quarteto de Haydn, *O Imperador*, justamente escolhido para ser o hino alemão.

Diferente da exclusão do mapa de alguns técnicos da atualidade, como Sir Alex Ferguson e Arsène Wenger. O primeiro – o técnico de maior sucesso de todos os tempos, ganhou quarenta e sete troféus – em vinte e seis anos no Manchester United, montou uma série de times eficazes e muitas vezes espetaculares, porém nunca "totais": nem do ponto de vista da inovação e nem pelas conotações intrínsecas (por exemplo, quase nunca usaram o impedimento como arma de defesa): o futebol dele é uma síntese magistral do clássico com o moderno, com constituintes típicas inglesas (velocidade, fisicidade e jogadas laterais) completadas por uma proporção mais "continental" do rigor das posições e do *pressing*, especialmente depois da revolução de Sacchi. Quanto a Wenger, o Arsenal (dezesseis anos liderando esta equipe) nunca conseguiu subir, por uma série de razões, para o patamar mais alto: nos últimos anos chegou muito perto do grande sucesso (final da *Champion's League*, perdida contra o Barcelona em Paris) mas, de fato, sempre ficou parecendo um Barça em tom menor, exemplar pelo método (o trabalho com os jovens) e pela qualidade de jogo (uma posse de bola muito agradável) porém incapaz de integrar a adequada força agonística com a continuidade e a completude tática.

Talvez a exclusão mais evidente e mais fácil de explicar seja a da inteira galáxia sul-americana. Uma galáxia que em muitas ocasiões produziu um futebol altamente espetacular, porém incompatível com a ideia de "futebol total" por causa das premissas teórico-conceituais, dos métodos de treinamento e da tipologia de orquestração.

Dois episódios em particular ajudam a chegar à explicação desse fenômeno. O primeiro foi descrito pelo grande autor argentino (de procedência calabresa) Ernesto Sàbato – falecido há pouco tempo com idade próxima dos cem anos – na obra *Sobre Heróis e Tumbas*. Numa história sobre o Independiente na década de 20, Sàbato encena um diálogo durante o intervalo de um jogo, em que um atacante (Manoel Seoane) planeja um lance vencedor e assim manda o outro (Alberto Lalín) cruzar a bola para ele. No segundo tempo, de fato, Lalín cruza e Seoane marca o gol; quando o jogo termina o goleador fala para o outro com satisfação: "Viu? Deu certo"; e o Lalín responde malincônico: "Vi sim, deu certo, mas eu não curti".

O segundo episódio nos traz de volta para o Brasil de 1978 do técnico Cláudio Coutinho (já preparador atlético da seleção de 1970) que tentou focar na organização e na disciplina. Ex-capitão do Exército, Coutinho foi um "modernizador instintivo" que pesquisou a preparação física dos astronautas estadunidenses e que considerava o drible "uma perda de tempo e uma evidência da nossa fraqueza"; o exato contrário de tudo que é futebol brasileiro. Houve uma vez, emblemática, em que Coutinho, numa conversa com outro técnico, ficou exaltando o modelo europeu da "sobreposição"; a resposta do outro foi: "Ah, essa sobreposição que você fala é um negócio que o Garrincha consegue fazer sozinho".

O Brasil é justamente o país no qual a recusa sul-americana de um modelo de futebol planejado e organizado alcançou resultados iluminantes. Esta questão baseia-se na figura do Malandro, um personagem do folclore nacional procedente da cultura africana, de fato semelhante com o Anansi de Ghana, o deus-palhaço, conhecido como Anancy na Jamaica, cuja encarnação é Usain Bolt. O Malandro – descendente de escravos negros e muito amado nas favelas – é uma pessoa pobre que acima de tudo quer ser livre e anárquico: ele considera a disciplina "coisa de otário", é um pilantra que gosta de trabalhar "sozinho", cuja única vocação artística é a capoeira.

Diversas estrelas do futebol brasileiro foram, mais ou menos, malandros, como o Garrincha que protagoniza outra lendária anedota. Depois que um técnico deu todas as diretrizes táticas para o time, parece que Garrincha teria perguntado: "O senhor falou isso para nossos adversários? Como que eles vão saber o que fazer?"

O técnico ideal para os malandros foi justamente uma pessoa anárquico-artística, João Saldanha. Ex-comunista, não tolerava as interferências técnicas do presidente ditador Médici (parece que ele até recusou um convite para almoçarem juntos). Saldanha foi o artífice do Brasil de 1970, um time praticamente baseado na convivência "impossível" de craques: foi demitido três meses antes da Copa, justamente por causa da insubordinação, e o time passou a ser liderado pela "formiguinha" Mário Zagallo. Uma frase memorável de Saldanha ("o futebol brasileiro precisa de música") esclarece, mais do que qualquer outro conceito, a distância sideral com a orquestração do futebol europeu: a diferença entre um futebol baseado no samba e na capoeira (ou seja, que dança ao ritmo de uma sintaxe macia e "glissada") e outro organizado com base na polifonia tática e na harmonia do contraponto baquiano.

Apesar disso, o futebol sul-americano contém muitos segmentos isolados de "futebol total": a marcação por zona e a "diagonal" do Zezé Moreira; o 4-2-4 ofensivo, criação de brasileiros e húngaros, aperfeiçoado pelo Brasil de Feola em 1958, depois do título ganho pelo São Paulo de Béla Guttmann; o próprio uso dos laterais-alas, como Carlos Alberto com o Brasil de 1970. E também conta com tentativas isoladas de orquestração "europeia", especialmente do ponto de vista tático. Afora o 4-3-3 de Menotti e o canônico 4-4-2 de Parreira, duas experiências pouco reconhecidas destacaram-se neste sentido.

A primeira é o Estudiantes da metade da década de 60, liderado por Osvaldo Zubeldía, inversão do modelo argentino *la nuestra*: era o futebol macho e sem vergonha dos gringos. Zubeldía foi um jogador muito inteligente e com um bom senso da posição (tipo Guardiola), mas teve mais sucesso com os clubes do que com a seleção – como Arrigo Sacchi – por causa da falta de constância e continuidade no treinamento. Ele aplicou diversos critérios do "futebol total" no Estudiantes: trocou os "velhos" pelos jovens da base, mais receptivos e dúcteis; juntou a tática das lousas com a prática no campo; insistiu muito com a concentração e a motivação. Zubeldía trabalhou para formar um ambiente sereno e paciente, não obcecado pela lógica do resultado imediato. Em três anos levou o Estudiantes à conquista do primeiro título: porém a "mudança de mentalidade" não estava sendo acompanhada por uma verdadeira inovação conceitual, pois Zubeldía focou mais nos detalhes (escanteios e faltas) do que nos princípios de jogo.

A segunda vivência está atrelada ao trabalho de Francisco "Pacho" Maturana, talvez o único modelo de "futebol total" sul-americano. Burguês erudito (é dentista), Maturana entrou no Parlamento nas listas do M-19, grupo da esquerda reformista colombiana. Apesar disto e das ameaças de morte do governo, ele foi grotescamente acusado de ser conivente com a ditadura. Quando ele disse que "o nosso futebol e a nossa cultura precisam de mais educação" pensava também no marxismo guerrilheiro das FARC. Foi a mesma visão que ficou evidente ainda mais com a declaração que ele fez depois do assassinato do defensor da seleção colombiana Andrés Escobar, culpado por marcar um gol contra na Copa do Mundo de 1994: "Morreu o melhor de todos. Possuía as habilidades futebolísticas, humanas e morais de um verdadeiro líder. Um colombiano diferente, novo. Um homem com H maiúsculo. Ele ia casar com uma menina inteligente, erudita e formada na faculdade".

Num certo sentido, Maturana ficou fortemente influenciado pelo sistema de jogo de Sacchi: "O futebol de Arrigo de repente não produzia vitórias tão fáceis e claras como as da época de Capello, mas eu gostava muito mais do sistema dele". Tanto é que na final intercontinental de Tóquio em 1989, justamente contra Sacchi, o Medellin dele reproduziu o mesmo sistema do Milan em todos os aspectos: e aquele jogo – com dois times encolhidos e apertados, como metades simétricas do mesmo organismo – é frequentemente e superficialmente citado como referência do "horror" implícito do futebol moderno. Por outro lado, Maturana nunca adotou a "disciplina" castrante de Arrigo (pelo contrário, as concentrações colombianas ficaram conhecidas como *coito ergo sum*), nem a obrigação da velocidade e da fúria agonística. Os times dele sempre procuraram ter um ritmo lento e envolvente, um "tempo de toque" com golpes de primeira e cadências dançantes, em que o rigor tático europeu se misturava com a técnica sul-americana, a mesma que Maturana praticava na época em que era zagueiro central com "dribles e golpes de calcanhar dentro da própria área". O jogo emblemático foi um Colômbia vs Milan, amistoso do pré-mundial de 1994 em que o time de Maturana no primeiro tempo não deixou que os homens de Capello tocassem na bola: uma posse de 90% com *pressing* e marcação, digno do melhor Barça.

Hoje em dia, tirando outra exceção indigesta, o "loco" Marcelo Bielsa – o próprio Cruijff elogiou diversas vezes a seleção chilena de 2010 – a América do Sul parece ter voltado para o impressionismo de sempre. A campanha da Argentina de Maradona na última Copa do Mundo – com os grandes craques esculachados nas quartas-de-final pela Alemanha – foi uma evidência inegável disso. Hoje em dia as tendências dominantes do futebol são o sistema do Barça e a perspectiva de Mourinho. E não estamos falando apenas numa rivalidade frontal, quase como um jogo de xadrez, entre os dois técnicos: entre Guardiola-Kasparov (agressivo e espetacular) e Mourinho-Karpov (defensivo-ativo) ou Mourinho-Capablanca (com golpes improvisados e desestabilizantes). Estamos falando de modelos culturais paralelos e opostos.

O sistema do Barça – atualmente a máxima expressão do "futebol total" mais puro – está afinando e potencializando o laboratório e a semeação didático-formativa. A partir de 2012 a Masia vai fechar e voltar para o antigo papel de prédio institucional. Uma nova estrutura mais ampla e arti-culada vai hospedar a escola do time: o novo centro de formação da Ciutat Deportiva Joan Gamper de Sant Joan Despí, que se chamará "Centro de Formación Oriol Tort". Os metros quadrados passarão de seiscentos para cinco mil, os andares do edifício de dois para cinco e o número de residentes de doze para oitenta; porém, nesta estrutura renovada e moderna, o pessoal preservará a mesma atenção pedagógica e a mesma atmosfera da "fazenda".

Entretanto, o grupo de talentos emergentes e potenciais craques já está bem grande. Jogadores como Andreu Fontàs, Thiago Alcántara, Jeffrén, Marc Bartra, Jonathan Dos Santos, Víctor Vázquez já representam uma certeza: Fontàs e Vázquez, por exemplo, já estrearam (marcando gols) no jogo da *Champion's League* de 2010 contra o Rubin Kazan. Mais precisamente, os defensores mais promissores surgiram no Barcelona B, cujo técnico Luis Enrique acabou de migrar para o Roma para liderar a refundação do clube da capital italiana: Muniesa, Montoya e Bartra, o primeiro é considerado o herdeiro de Puyol, o segundo (um lateral) é cobiçado por muitos clubes. Os jogadores de meio de campo e os atacantes do futuro pertencem principalmente ao time Juvenil A de Oscar Garcìa e ao Juvenil B: por exemplo, armadores como Pol Calvet e Sergi Samper (assediados pelo Arsenal, que já adquiriu os passes dos menores Jon Toral e Hector Ballerin), os meias ofensivos como Javier Espinosa (comparado com Iniesta), os alas como Gerard Deulofeu (talvez o mais talentoso entre todos) e os atacantes puros como o camaronense Gael Etock ou jogadores nascidos em 1995 como Jean Marie Dongou e Alain Richard Ebwelle. Não há dúvidas a respeito do fato de que entre os nomes citados nesta lista existe um futuro *top-player*.

A perspectiva de Mourinho está baseada em parâmetros diferentes. Como aconteceu nos clubes anteriores, o técnico português adquiriu para o Real Madrid jogadores funcionais e convenientes para seu método e seus princípios de jogo: não apenas craques, mas também jogadores excluídos, futuras promessas, jogadores que precisam reencontrar o foco e talentos a serem plasmados. No Real Madrid, esta filosofia casa perfeitamente com a do clube, pois os merengues – apesar de cuidar muito dos times da base – tendem a vender muitos mais jogadores do que o Barça e em geral não proporcionam muitas chances para os novos, pois estão acostumados com uma multidão de craques já afirmados no time A. A última janela de mercado não saiu do padrão: mas é preciso reconhecer que marcou uma exceção com a chegada de dois turcos, Sahin e Altintop, que não por acaso vieram de times do campeonato alemão.

A ligação biunívoca entre Mourinho e a Alemanha já está consolidada. Num sentido, existe uma atenção forte do técnico português para jogadores alemães ou que jogam em times da Alemanha: Sahin e Altintop juntaram-se a Khedira e Özil, para suprir a falta do cobiçado Schweinsteiger. No outro, a Alemanhã tem estudado e metabolizado o método Mourinho, em termos de treinamento e de implantação tática. Tudo começou em 2005, quando o técnico Klinsmann assistiu a um jogo do Chelsea e ficou impressionado pela corrida, a força física e a variedade dos esquemas dos *blues*;

e chegou ao ápice com a seleção de Löw na Copa de 2010, que jogou com transições e saídas parecidas com as do Chelsea e do Inter de Milão. O mourinhismo, na verdade, já chegou a influenciar diversos clubes e jovens técnicos: Jürgen Klopp, com quarenta e três anos de idade, técnico do time campeão do Borussia Dortmund; e Thomas Tuchel, jovem técnico (com trinta e sete anos) da equipe revelação do Mainz, apelidados respectivamente de o Mourinho da Westfalia e o da Renânia.

Klopp foi o predecessor de Tuchel no Mainz, time em que militou por onze temporadas como jogador e oito anos como técnico, alcançando resultados mais ou menos positivos, porém formando o ambiente e a filosofia do clube. Ele foi um comentarista genial durante a Copa do Mundo e como técnico cuida muito do plano motivacional e atlético dos jogadores (o Dortmund percorre uma média de 118km por jogo, cinco a mais do que os outros times alemães). Tuchel – que se afastou precocemente da carreira de jogador por causa de um acidente e que antes de trabalhar como técnico dedicou-se a outras profissões – é ainda mais "científico", talvez pelo próprio fato de ser procedente da mesma cidade de Gutenberg e de Thomas Metzinger, neuropsicólogo inovador. O treinamento dele é o mais mourinhano possível: psicologia, plasticidade tática, DVDs personalizados. Os dois técnicos – Klopp mais do que Tuchel – preferem as transições imediatas com cortes e movimentações cruzadas ofensivas, e focam na habilidade específica para "quebrar" o *pressing* do adversário e criar espaço para as acelerações.

O jovem (trinta e três anos de idade) português Villas-Boas, que foi por muitos anos o segundo de Mourinho, continua sendo uma incógnita. É um técnico inteligente e ambicioso, dividido entre a imitação (vejam o vídeo no You Tube em que *todas* as atitudes, mímicas e gestuais do mestre aparecem clonados pelo aprendiz) e a reinvindicação orgulhosa de outros modelos (de Guardiola principalmente) e de convicções pessoais. Se por um lado a trajetória dele até agora está baseada no molde de Mourinho (ganhou tudo com o Porto e em seguida passou para o Chelsea) pelo outro o modelo de jogo dele é um híbrido que tenta harmonizar a posse de bola com as saídas furiosas.

O sistema Barça e a perspectiva Mourinho representam sem dúvida o futuro do futebol, pelo menos até não aparecer outro modelo. O primeiro é a expressão completa do "futebol total", a segunda não sempre: o sistema de jogo de Mourinho, mais parecido com o de Happel e de Hiddink, alterna momentos de "futebol total" com outros mais flexíveis, como o conceito de defesa ativa: os princípios de jogo do português, de toda forma, tendem mais para uma flexibilidade intrínseca do que para as respostas contingentes; simplesmente, são diferentes das diretrizes do Barça. Basicamente o Barcelona parece estar no topo de uma onda que dificilmente poderá crescer mais, enquanto o Real Madrid dá a sensação de que pode ainda aumentar sua qualidade de jogo. Mourinho trabalha constantemente no projeto da "contra-*manita*" como a que o Real Madrid devolveu para o *Dream Team* do Cruijff em janeiro de 1995, um ano depois de sofrer o 5-0 pelos *blaugranas*. Não vai ser fácil, pois o Barça de Guardiola é mais completo e flexível do próprio *Dream Team*, e parece ter recursos infinitos (os mais recentes, a compra de Sanchez e de Fabregas e a experimentação de uma zaga com três jogadores). E se por um lado o recente e memorável duplo desafio da supercopa espanhola (5-4 Barça no placar final) parece ter reduzido a distância qualitativa entre os dois times, quem está correndo o maior risco é justamente Mourinho: ele que genialmente exasperou os *blaugranas* com o Inter de Milão (encarando a "obsessão" *blaugrana* com o "sonho" azul-negro) pode tornar-se vítima de sua própria obsessão, a mesma que Tyson Gay sente para vencer Bolt ou que Nadal sente para Federer. Temos certeza de que ele fará de tudo para que isto não aconteça, mas na vida nunca se sabe.

Talvez o melhor jeito para visualizar o futuro imediato do "futebol total" – e, por que não, de todos os *tipos de futebol* – seja apelar para as *Lições Americanas* de Italo Calvino. Publicadas em 1988, porém escritas na época antecedente à morte do escritor (1985), as seis palestras em Harvard parecem "seis propostas para o próximo milênio" (na verdade são cinco, pois a sexta é apenas um esboço) relativas à especificidade da literatura: porém, facilmente estendíveis para outras disciplinas, inclusive para a substância estética e estrutural do futebol.

As propostas falam sobre qualidades que, sem muita elaboração, parecem desenhadas justamente para o Barça (que as concentra todas em seu sistema).

A primeira é a *leveza*, qualidade que Calvino elogia – seguindo a mesma dialética com que trata as outras – não porque as razões do "pesado" sejam "menos importantes", mas porque a leveza é mais consentânea com a visão de mundo do autor: enfim, a perspectiva de Calvino cruza razões objetivas com motivações subjetivas. Conforme a palestra do escritor italiano, a leveza – bem diferente da fatuidade ou da superficialidade – representa a prevalência do *Software* em cima do *Hardware*, da matéria leve em cima da pesada. O exemplo iluminante vem da superposição de dois versos de poesia, ambos a respeito da neve que cai, o primeiro de Dante e o outro de Cavalcanti: Dante (que na Divina Comédia consegue descrever cada nuance da matéria) neste caso tende para o pesado: "como a neve em alpe sem vento", em que a montanha ("a alpe") domina o verso; Cavalcanti, pelo contrário, trata a "força de gravidade sem peso": "e branca neve desce sem ventos". "Força de gravidade sem peso": não parece estar próximo do "efeito quântico" do Barça? Daquela posse de bola aeróbica que faz com que todo adversário pareça prisioneiro, e não de uma força de gravidade arrogante? E esta qualidade/corolário da leveza de Calvino – a metamorfose – não parece com a do sistema *blaugrana*, com o movimento da plasticidade constante?

Este discurso parece valer também para a *rapidez*, que Calvino atrela mais à velocidade mental do que à velocidade dos corpos e que nós – dando continuidade ao paralelo com o Barça – poderíamos considerar como a reatividade das adaptações decisionais mais do que a velocidade de circulação da bola e da movimentação dos jogadores. E não é apenas isso. Ao citar Galileo ("discorrer é como correr") e a famosa frase em latim *Festina lente* ("Apresse-se lentamente"), Calvino evidencia mais dois aspectos *blaugranas*: a matriz "discursiva" da posse de bola – a transmissão da informação como rede em que todo mundo fala com todo mundo – e o paradoxo espaço-temporal de uma velocidade "meditada". Junto com uma subqualidade – *a fluidez* – a rapidez pode ser estendida para outros segmentos de jogo, por exemplo para as transições-laser de Mourinho e dos mourinhanos.

No elogio da *precisão*, Calvino contrapõe esta qualidade a uma tendência implosivo-destrutiva da nossa época: a "perda de forma" que coincide com uma "perda de força cognitiva", e que nos faz pensar imediatamente num futebol improvisado, individualista, "a esmo", para citar mais uma vez Cruijff. Porém, ao mesmo tempo, a precisão não pode ser trocada por uma propriedade mortuária: num universo que toca frequentemente o limite entre a ordem e a desordem ("formigante" e "pulviscular") os agregados de sentido e a precisão possuem características "não fixas, não definitivas, não bloqueadas por uma imobilidade mineral, e sim vivas como um organismo". Aqui também, como não podemos pensar no "sistema dinâmico" do Barça e em suas soluções em constante movimento?

Em relação à *visibilidade* (a importância da imagem relacionada à palavra), no nosso caso podemos falar em "visividade" (a possibilidade de aprender esquemas e princípios de jogo que desafiam a imprevisibilidade amorfa de uma partida de futebol) e em seguida em "visão": outra característica do "futebol total" é a de não colocar limites para a projeção, de nunca apertar a realidade com o peso do realismo. Acreditar em "seis coisas impossíveis antes de tomar o café da manhã" é o impulso necessário para realizar pelo menos uma delas.

Todas as qualidades da concepção de Calvino (inclusive a sexta, incompleta, a *consistência*) convergem como afluentes no rio principal da *multiplicidade*, que o escritor conecta com a complexidade (as metáforas da "meada" e da "bola" do Gadda), com o incompleto de um *work in progress* (*O homem sem Qualidades* de Musil) e com a trama (com a estrutura "acumulativa, modular, combinatória" de seus próprios livros, como em *Se um viajante numa noite de inverno*). Embora Calvino prefira falar em "multiplicidade" mais do que em "totalidade" (termo que ele considera mais generalizado), ela também é o princípio que resume a essência do "futebol total", o conceito que mais condensa o caráter deste estilo de jogo polifônico, estratificado, preciso e ao mesmo tempo "aberto". Para Calvino, o milagre consiste no fato "que esta poética que poderíamos definir artificiosa e mecânica leva para uma riqueza e uma inventiva intermináveis". Ao apontar a generalização como o pior inimigo, o escritor comprova como o uso de "regras fixas" não mata a liberdade, muito pelo contrário, a estimula. E cita, a respeito disso, uma escrita de Queneau, em que a cega obediência a uma mal entendida inspiração vira "uma forma de escravidão": quem escreve "obedecendo a um certo número de regras" é mais livre do que quem escreve "qualquer pensamento e é, na verdade, escravo de regras que finge ignorar". Aplicado ao futebol, este assunto esclarece muitos equívocos, a partir da predileção genérica para a "fantasia" em contraposição ao esquema. Ninguém pensa – nem precisa dizer isto – em negar a importância do talento individual, da "intuitividade" resolutiva do grande jogador que – como já dizia Vujadin Boškov – "visualiza rodovias onde os outros apenas enxergam trilhas". A questão aqui é a falsa contraposição da criatividade com a regra. Podemos ver isto muito bem no exemplo de Leo Messi, ou, melhor, dos dois Messis: o jogador impotente da Argentina de Maradona e o jogador decisivo do Barça, time em que a intuitividade dele está integrada com a contraintuitividade rigorosa e organizada do sistema.

Este esclarecimento nos leva diretamente para o núcleo polêmico das contraposições futebolísticas. Uma das objeções redundantes da visão "conservadora" (que estabelece que o melhor técnico é o que "não causa estragos" e que os "jogadores são tudo") insiste muito sobre o fato de que o futebol moderno baseado em zona-*pressing* e impedimento é feio. O jogo citado como um mantra pelos conservadores, para justificar o desamor ao "futebol total", é justamente a final de Tóquio entre Milan e Medellín. Se deixarmos de lado a questão do gosto (para alguns aquele jogo poderia ser comparado com uma maravilhosa pintura abstrata), as recriminações contra o "futebol total" não seriam justificadas; é como se – pelo avesso – alguém estivesse reclamando do *catenaccio* e do contra-ataque (o famoso "defensa y contragolpe" dos uruguaios) pois seriam a razão de lances paralisantes e tediosos, de repente teríamos uma bola parada no meio de campo e uma equipe posicionada a setenta metros da outra, cada uma parada nas altura das linhas de defesa. Não é regra, dois times de "futebol total" não acabam inevitavelmente gerando uma estagnação no meio de campo: os dois jogos de Barça vs Arsenal em 2011 – com duas equipes que apostam na posse de bola, no *pressing* e no impedimento radical – foram disputas memoráveis pela intensidade da troca de passes, pelo aproveitamento dos espaços, pela continuidade das formas e das movimentações. De repente, é verdade que existem concepções defensivo/obstrucionistas no "futebol total" (com o *pressing* e o impedimento usados para inibir o adversário) e que estas acabam desviando da raiz do estilo de jogo. Como é verdade também – sempre pelo avesso – que existem saídas harmoniosas e organizadas que não têm nada a ver com as muralhas obstrucionistas e os remates casuais.

De toda forma – desde um determinado ponto de vista – o "futebol total" já venceu dos outros estilos.

É suficiente pensar nos resultados, todos os ciclos de *Champion's League* (o Ajax, o Milan de Sacchi e o próprio Barça, até o Manchester United de Fergusson, de certa forma) foram marcados por esta concepção; enquanto a Eurocopa e a Copa do Mundo propõem apenas periódicas reemersões de um futebol puramente conservador, como com a Alemanha de 1996 e com a mortificante Grécia de 2004. Do ponto de vista do sistema de jogo, nos últimos anos o futebol em geral teve de se adaptar às mudanças propostas pelo "futebol total", como demonstra a evolução do "contra-ataque" e da "saída": o primeiro passou a ser um lance genérico, geralmente praticado a partir da grande área; a outra hoje em dia é uma transição específica (geralmente depois do *pressing* direcionado) muito mais "avançada" e coordenada. Podemos até dizer que a saída é ao mesmo tempo o resultado histórico e uma aplicação específica do contra-ataque. O que o "futebol total" ainda não conseguiu vencer é a *forma mentis*, com a mídia e o público ainda paralisados numa posição preconceituosa e confortável: apreciam ocasionalmente a "beleza" de determinados times (principalmente o Barça), mas acham que o prazer depende apenas da habilidade técnica e dos craques; em geral, continuam eternamente apegados – e complacentes – à visão do futebol das "peladas".

Voltando para os sistemas dominantes (novamente: o do Barça e a perspectiva Mourinho), todos, mais ou menos, deverão formular adaptações táticas, pedagógicas e metodológicas. E isto vai acontecer até na galáxia sul-americana, em que, tirando algumas exceções, a resistência a uma visão "mais científica" e "menos impressionística" é muito forte.

Do ponto de vista tático, um futebol mais passivo (no sul) ou cegamente atlético (no norte) pode ainda dar certo em diversos campeonatos nacionais; porém, em âmbito europeu os times precisam se adaptar, pois a qualidade individual dos craques não é mais suficiente para dominar os times mais harmoniosos e organizados. Todas as equipes deveriam começar o trabalho em cima dos detalhes, da coesão das linhas e entre as diversas linhas, da posse de bola e/ou da velocidade da saída organizada. Do ponto de vista pedagógico-didático, o modelo do Barça é o mais fascinante e o mais complexo de se exportar: quem desejar reproduzir o ambiente da Masia (ou do Ajax) precisa pensar isto no "longo prazo", com um planejamento paciente, educando o ambiente a esperar o resultado como coleta de uma semeação não casual. A perspectiva Mourinho – que não é um "sistema" ou uma "escola" mas sim um método – parece ser mais fácil de assimilar, especialmente por quem deseja resultados de curto prazo (veja os alemães); é preciso lembrar, de toda forma, que esta perspectiva está muito vinculada ao criador e mais apta para times que não têm uma identidade consolidada; senão impossível, seria difícil imaginar um "mourinhano" – ou o próprio Mourinho – treinando o Barcelona, o Ajax ou o Arsenal.

E falando em treinamento, este é o aspecto do futebol que mais vive inovações e ajustes, Hoje em dia, os melhores times substituíram o treino tradicional (a "resistência", as sessões de potenciamento físico e a velocidade) com a atenção para a economia das energias tanto no jogo quanto no treinamento, mesmo porque agora (com a agenda tão cheia) o próprio jogo serve como treino. O Barça se concentra na corrida aeróbica, que junto à disposição tática (o time aproximado) evita acumulações de ácido lático. Mourinho foca mais na economia neurobiológica, com sessões que evitam gastos do metabolismo cerebral, por exemplo através de treinos mais leves antes do jogo (menos focados em atenção e concentração) ou com porções de "recuperação ativa" durante a partida (com uma posse de bola desfadigante). E claro, hoje em dia, o *coaching* psicológico tem uma importância fundamental, pois ajuda a trabalhar a concentração, a motivação e a educação emocional do indivíduo e do grupo. Técnicos como Wenger contrataram psicólogos (como o competente Jacques Crevoisier) para ajudar os jogadores no autocontrole e na prevenção dos cartões amarelos e vermelhos. A coisa principal para o treinamento do futebol moderno é fazer com que toda sessão seja uma "simulação" de jogo – conforme o ensinamento de Michels. Desta forma as diversas situações de jogo se tornam cada vez mais familiares para os jogadores.

Não importa qual caminho for pegar, o "futebol total" nunca se desviará de seus conceitos filosóficos de base: construir ao invés de destruir, antecipar no lugar de esperar, propor ao invés de responder, de acordo com o modelo "selecionístico" da evolução. Mais precisamente, sempre irá preferir a posse de bola e a troca de passes ao remate, o lance coletivo à solução individual, a atenção para os espaços à atenção para o objeto (ou seja, o jogador individual).

Paradoxalmente, o futebol como esporte e como espetáculo um dia poderia sumir, talvez por causa de questões econômicas, pelo excesso de corrupção ou simplesmente por uma questão histórico-antropológica, e acabar de repente sendo substituído por outro esporte, num cenário que hoje em dia nem dá para imaginar. O "futebol total", pelo contrário, nunca irá sumir, porque não está vinculado a uma disciplina esportiva em particular. Este estilo é uma aplicação especial de um esquema cognitivo, de uma atitude, de uma tendência natural, apesar de ser aparentemente inatural. O princípio motivador se encontra no mundo subatômico, nas bactérias, nos anticorpos, e até nas dinâmicas da porção conhecida do universo: em todos os lugares em que existe organização de matéria para alimentar a vida das formas; para dar uma forma para a vida.

POSFÁCIO
de Irvine Welsh

Como aconteceu com muitos observadores habituais do Barcelona, fiquei surpreso e até um pouco perplexo, quando o clube resolveu demitir o Rijkaard e contratar o jovem Josep Guardiola. Rijkaard deu continuidade à afirmada fórmula do compatriota Johan Cruijff, ex-lenda do Ajax e do Barça, que juntava estrelas do panorama mundial com jogadores espanhóis procedentes da base do clube e graças a esta mistura obteve grandes resultados. Na temporada 2005-2006 o Barcelona derrotou o Arsenal por 2-1 na final da *Champions League*, conquistando o primeiro título europeu depois de quatorze anos de jejum.

"Pep" inesperadamente dispensou Ronaldinho e Deco e começou a construir o time em volta de jovens talentos como Xavi, Iniesta e Messi. E, principalmente, introduziu algo que passaria a ser conhecido como o *tiki-taka*, o legado primário da experiência anterior com o Barcelona B.

A consequência foi um extraordinário sucesso imediato; a primeira temporada de Guardiola na direção do Barça acabou com a vitória por 2-0 no Estádio Olímpico de Roma em cima do campeão da edição anterior da Copa, o Manchester United. Foi o terceiro título europeu conquistado pelo Barça.

Em âmbito nacional, então, o Barça foi a primeira equipe espanhola a conseguir o tri. Madrid começou a ficar preocupada e, com ela, o restante da Europa. Depois do declínio do futebol italiano, o maior desafio dualístico de futebol parecia ser entre o Manchester United de Ferguson e os times liderados por José Mourinho.

Pep o emergente, e seus atrevidos cavaleiros, com os mil passes hipnóticos, estavam causando problemas para todos. De improviso, a nova missão dos clubes de futebol europeus virou a seguinte: como derrotar o Barcelona? A surpresa de 2010, a vitória do Inter de Mourinho, deu a todos a ilusória impressão de que as equipes tivessem aprendido a segurar as capacidades ofensivas do Barça. Apesar daquela derrota, neste ano os catalães souberam retomar o lugar de supertime e venceram facilmente, mais uma vez, o United na final de Wembley, levando para casa o quarto troféu da *Champions League*. O sucesso recente na Supercopa Europeia contra o Porto, que, entre outras coisas, marcou a ultrapassagem ao Real Madrid em quantidade de títulos ganhos, fez com que Guardiola chegasse a conquistar doze dos quinze títulos possíveis em três temporadas.

O atual domínio do Barça, obtido com a importação das melhores técnicas ofensivas de sempre, assim como a perseguição do Real Madrid, não param de fascinar os apaixonados por futebol. Houve uma vez em que José Mourinho afirmou provocativamente que ele tem ganho tantos títulos de *Champions League* quanto o Barcelona – na época eram apenas um para cada. Hoje em dia o placar está em 4-2 para o Barça, mas foi justamente Mourinho quem impediu o tricampeonato em sequência do time catalão e atualmente ele é o encarregado de tentar manter o Barcelona longe de alcançar o Real Madrid, recordista absoluto de títulos conquistados.

Consequentemente, *el clásico* virou o desafio mais importante do futebol global, redimensionando a *Premiership* inglesa para uma banal atração passageira. O Barça já alcançou o Real Madrid na quantidade de títulos nacionais conquistados, agora só falta preencher a distância em âmbito europeu.

Com a joia da Masia, Cesc Fábregas, pronto para substituir Xavi, o Barça parece estar destinado a permanecer no topo. Até o poderosíssimo Manchester United de Ferguson pareceu, nas últimas duas finais, se preocupar com conter a derrota mais do que com ganhar a Copa. E apesar dessa dupla final, Ferguson não pode ser considerado o anti-Barcelona (mesmo tendo ganho mais títulos de *Champions* do que o Liverpool), pois Guardiola já o deixou muito para trás. O desafio principal terá de vir de Mourinho e do Real Madrid, que continuará investindo milhões e milhões de euros para proteger seu *status* dos ataques da perfeita maquina catalã de futebol. Neste momento é o Barcelona que faz as perguntas e todos estão sendo obrigados a procurar as respostas. A arma não tão secreta é Lionel Messi, que já podemos considerar, talvez, o melhor jogador de todos os tempos. Quem teve o prazer de vê-lo jogar já sabe que qualquer adjetivo superlativo não pode descrevê-lo. No *curriculum* dele falta apenas um título de Copa do Mundo, por enquanto ele vai tentar ganhar o maior número de *Champions Leagues* com o Barcelona. Somente uma pessoa muito corajosa e ao mesmo tempo muito burra poderia apostar contra ele.

A primeira vez que ouvi falar do Barcelona não foi exatamente amor à primeira vista – muito pelo contrário. Era ainda criança quando uma noite meu pai voltou para casa levemente bêbado, me colocou nos ombros e me levou para dar uma volta triunfal pela nossa sala de estar. O Hibernian tinha acabado de derrotar o Barcelona, campeão da Copa das Feiras (antecessora da Copa Uefa e da atual *Europa League*). O Barcelona ficou ganancioso e entrou numa corrida desesperada para alcançar o Real Madrid, e naquela temporada resolveu participar das duas principais competições da Europa ao mesmo tempo; e na Copa dos Campeões teve o prazer de derrotar o rival madrilenho, antes de perder na final. O objetivo planejado pelo time catalão era ganhar os dois torneios depois de desclassificar numa competição o Real Madrid e, na outra, o Hibernian, cuja melhor qualidade era apenas a garra.

Os "Hibs" não eram mais os mesmos da década de 50, época em que chegaram a ser a primeira equipe britânica a disputar a Copa dos Campeões, chegando até a semifinal na edição de abertura da competição. Sobrou uma expectativa grande daqueles dias gloriosos, e uma certa arrogância, e os torcedores exigiam muita competitividade do time, não importa contra quem fosse o jogo. E assim no quentíssimo jogo de ida no Camp Nou deu 4-4, com o atacante Joe Baker, também jogador da Seleção inglesa, marcando três gols.

Meu pai e meu tio foram ver o jogo de volta em Easter Road, onde fica o estádio do Hibernian. O placar estava parado em 2-2 (6-6 com o jogo de ida, os gols marcados pelo time visitante não valiam o dobro naquela época), e poucos minutos antes do fim os Hibs sofreram uma falta na grande área, pênalti. A decisão tomada pelo juiz alemão Johannes Malka deixou os jogadores do Barcelona enfurecidos. De repente o juiz ficou acercado pelos blaugranas e o centroavante do Barça até derrubou o coitado. A polícia teve de intervir e trazer a situação de volta para a normalidade: aquela loucura ficou conhecida como "A batalha de Easter Road".

Sammy Baird, encarregado de bater o pênalti, ficou tão nervoso durante os treze minutos que serviram para a polícia restabelecer a ordem, que literalmente mijou no short. Em seguida ele sentiu-se obrigado a confessar o acontecido para o companheiro Bobby Kinloch, que, para aliviar o desaventurado mijão da humilhação pública, resolveu cobrar a penalidade máxima no lugar do amigo. Kinloch cobrou muito bem e com sangue frio marcou o gol da vitória. E assim o Hibernian de Baker, como o Benfica de Eusébio, fizeram o que o Real Madrid não conseguiu fazer: impedir o sonho duplo do Barcelona de conquistar a Europa.

Os jogadores do Barcelona não aceitaram muito bem a derrota, seguiram atacando o coitado do *Herr Malka*, que acabou indo para o túnel sob a escolta da polícia, e ainda tentaram arrebentar a porta do vestiário para bater nele. Os jornalistas escoceses apelidaram os violentos de "os animais de Barcelona". Ainda bem que no final a calma voltou ao ambiente e o clube, constrangido pelo comportamento inadequado de seus jogadores, organizou e financiou um amistoso em Easter Road. Vinte anos depois o Barcelona deixou o Steve Archibald passar para os "Hibs" por apenas 100.000 libras, garantindo assim a indulgência plenária. Uma baita de uma evolução: passar dos "Animais de Barcelona" daquela noite para o *tiki-taka* de hoje em dia.

A verdade é que aprendi a amar o Barcelona graças ao ódio crescente que sentia pelo Real Madrid. Quando era garoto, meu pai e os colegas do sindicato viviam me dizendo que o Real era o time da ditadura fascista de Franco e que o Barcelona, pelo contrário, pertencia à gloriosa resistência socialista catalã. Depois de ler *Homenagem à Catalunha*, de George Orwell, e outros textos sobre o assunto da guerra civil, fiquei atraído pela cidade e pelo clube. Criado em 1899, o Barça se tornou imediatamente um símbolo da cultura catalã – daí o lema *"Més que un club"*. Diferentemente de muitos outros times, o Barcelona é possuído e gerido pelos próprios torcedores. Poucos anos depois da criação, o clube mudou a língua oficial do castelhano para o catalão, e assim começou o processo que levou o Barça a ser um dos maiores símbolos identitários da Catalunha.

A maioria dos torcedores de futebol gosta de criticar com dureza o próprio time. Os do Barcelona, que são torcedores e donos do time, muitas vezes vivenciam uma disseminada e histérica relação, justamente por eles cumprirem com o papel de alma e cérebro do time ao mesmo tempo. Este orgulho na maioria das vezes não passa de uma patética forma de egocentrismo. Aos olhos atentos de um observador externo esta atitude pode parecer tão construtiva quanto a masturbação em um lugar público. Uma narração envolvente pode dar um gás a mais na formação da identidade de um time, assim como um mito pode ser mais poderoso do que a realidade histórica; e por isto a tendência a construir um passado baseado em dificuldades reais ou imaginárias sempre foi irrepressível. E foi justamente por essa razão que o Manchester United transformou um desastre aéreo num conto de "triunfo que vence a tragédia", fórmula para alcançar o sucesso (o clube, até então, ainda não tinha uma história fascinante para contar). O Celtic assumiu publicamente um passado parecido com o do Hibernian (criado por um padre para ajudar as comunidades de imigrantes), enquanto em particular negociava com a contraparte dos Rangers, para criar uma divisão dentro da sociedade escocesa e lucrar com isso.

Entre todos os clubes modernos da Europa, talvez apenas o St. Pauli, através de uma iniciativa lançada pelos torcedores, renovou a força da própria marca de clube humilde e de esquerda. Embora seja uma atitude admirável, ela não tem nada a ver com um passado histórico peculiar ou com a resistência contra o nazismo na área portuária de Hamburgo, e nem com as perseguições do governo espanhol contra os torcedores do Barça durante o período do franquismo. Acho que na Europa Ocidental nenhum clube sofreu tanto nas mãos de forças ditatoriais opressivas quanto o catalão Barcelona.

Em 14 de junho de 1925 a torcida do Barcelona vaiou o hino, expressando espontaneamente toda a indignação com a ditadura de Miguel Primo de Rivera. A resposta foi imediata: o estádio do clube ficou fechado por seis meses e o presidente Gamper foi obrigado a pedir demissão. Um mês depois do começo da guerra civil espanhola, em 1936, diversos jogadores do Barcelona e da equipe Basca do Atlético de Bilbao apareceram nas listas dos guerrilheiros republicanos lutando contra o regime militar. Em seguida, em 6 de agosto do mesmo ano, aconteceu um evento fundamental na história do Barcelona: o presidente do clube Josep Sunyol, membro do partido independentista catalão, foi morto pelas tropas falangistas. De imediato os catalães passaram a vê-lo como um mártir. No verão seguinte o Barcelona participou de uma turnê nos Estados Unidos e no México, os jogadores foram recebidos como se fossem os embaixadores da Segunda República Espanhola. Depois da turnê muitos desses atletas tiveram de buscar asilo político no México ou na França.

Porém, o verdadeiro terror começou com aquele fatal 16 de março de 1938, em que a cidade de Barcelona sofreu um bombardeio pesado por parte das forças falangistas, mais de três mil catalães morreram no ataque. Uma das bombas até acertou os escritórios do clube. Poucos meses depois Barcelona foi ocupada pelo inimigo. A bandeira catalã foi banida, assim como o uso de nomes catalães para instituições culturais e esportivas. O Barcelona também teve de alterar o próprio nome para "Club de Fùtbol Barcelona" e de retirar a bandeira catalã da logomarca do time.

Em 1943 o Barcelona enfrentou o Real Madrid pelas semifinais da *Copa del Generalíssimo*. No jogo de ida, em Les Corts (predecessor do Camp Nou), o Barça deu um passeio, ganhando por 3-0. O placar deixou Franco enfurecido e, por isto, o então ditador resolveu enviar o chefe da Segurança Pública ao vestiário do Barcelona, logo antes do começo do jogo de volta em Madri. A série de ameaças feitas teve o efeito esperado. O Real Madrid ganhou por 11-1, um desafio que pareceria mais uma farsa do que um jogo de futebol. Deu para ver muito bem, pela maneira como jogaram, que os atletas do Barcelona estavam preocupados com a incolumidade de suas famílias.

Apesar da hostilidade do regime, o clube continuou colecionando sucessos e os torcedores continuaram manifestando desagrado em relação às políticas falangistas. Em 1951 o público saiu de Les Corts, depois do Barça vencer por 2-1 o Santander, e se aproveitando de uma greve do transporte público, optou por uma caminhada simbólica até suas casas acompanhada por cantos de libertação e resistência. Atitudes como esta incomodavam muito as autoridades franquistas, mas também fizeram com que o clube se tornasse uma referência para todos os progressistas da Espanha que considerariam o Barcelona um símbolo de luta contra o regime e um baluarte dos direitos civis e da liberdade pessoal.

Agora o Barcelona tem um time, um técnico e um estilo de jogo dignos de serem lembrados nos livros de história bem do jeito que os melhores admiradores costumam dizer: o melhor time de todos os tempos. O *tiki-taka* do Barça é o ápice de uma maravilhosa tradição de futebol feita de passes e de infiltrações, que começou pelos Mágicos escoceses de Wembley (na época em que a seleção do meu país escalava cinco atacantes e não como agora que joga sem pontas); alguns anos depois o Brasil importou a linha de ataque dos Hibernians (os lendários Famous Five) durante a turnê pioneira da década de 50 e a aplicou de maneira excelente principalmente durante a magnífica vitória da Copa do Mundo de 1970. Um estilo de jogo inspirado nos mestres holandeses, entre os quais Johan Cruijff, que virou lenda quando se juntou ao time do Barcelona, pois recusou a contratação do Real Madrid, explicando francamente que não queria jogar para um time franquista. Em seguida o holandês, muito próximo da identidade regional da cidade em que passou a morar, colocaria um nome catalão no filho.

Com a morte de Franco em 1975, o nome original do clube voltou, assim como a bandeira catalã apareceu novamente na logomarca do time. Cruijff tinha acabado de chegar ao time, depois de um acordo recorde entre o Ajax e o Barcelona pela quantia de um milhão e trezentas mil liras da época. Cruijff contribuiu com a vitória em campeonato em 1974, que não acontecia desde 1960, e entre os jogos da temporada teve aquela maravilhosa vitória por 5-0 contra o Real Madrid.

A partir de 1978, junto com a transição democrática espanhola, vieram os presidentes do Barcelona eleitos pelos sócios do próprio clube. A direção de Josep Lluís Núñez durou vinte e dois anos e marcou muito a imagem atual do Barcelona. O punho de ferro do presidente na política das contratações fez com que grandes jogadores como Maradona, Romário e Ronaldo fossem mandados embora: Núñez nunca se dobrou diante das exigências desses jogadores.

Terry Venables levou o Barcelona para a segunda final da Copa dos Campeões, um jogo muito tedioso que aconteceu em Sevilha, ganho pelo Steaua de Bucareste nos pênaltis. Venables deixou o Barcelona no começo da temporada de 1987-1988, no ano seguinte Cruijff voltou para montar o que ficaria conhecido como o *Dream Team*: um conjunto de estrelas espanholas como Guardiola, Bakero e Begiristain e de grandes campeões estrangeiros como Koeman, Michael Laudrup, Romário e Stoičkov. Sob a gestão de Cruijff, o Barcelona ganhou quatro títulos espanhóis em sequência, de 1991 até 1994, e conquistou o Santo Graal em 1992, derrotando a Sampdoria na final da Copa dos Campeões em Wembley, graças a um gol na prorrogação de Koeman. Cruijff se tornou o técnico mais vitorioso da história do clube – e continuou mantendo o recorde até a chegada de Pep Guardiola.

Todo apaixonado por futebol, não importa de que time for, deve-se considerar sortudo e privilegiado por poder observar a maravilhosa equipe de Guardiola, com o gênio Messi e os seus companheiros. O Barcelona divide os apaixonados imediatamente em puristas e pragmáticos. Eu pertenço à primeira categoria e por isso torço para que, se um dia um time for acabar com este Barça, que seja um time que jogue um futebol melhor – muito difícil que aconteça – e não uma equipe que tente sufocar a beleza expressada pelos catalães. E por quanto o meu coração sempre esteja próximo de Easter Road, não vejo a hora de entrar novamente no Camp Nou, para admirar o maravilhoso futebol destas "Atrações de Barcelona".

Mapa do "Futebol Total"
Geografia pela cronologia

Ajax vs Spartak Trnava 3-0,
Olympisch Stadion, Amsterdam, 13 de abril de 1969
Spartak Trnava vs Ajax 2-0,
Spartak Stadium, Trnava, 24 de abril de 1969
Semifinal da Copa dos Campeões*
Michels vs Malatinský

Feyenoord vs Celtic Glasgow 2-1,
Stadio Giuseppe Meazza, Milão, 6 de maio de 1970
Final da Copa dos Campeões
Happel vs Stein

Liverpool vs Bruges 1-0,
Wembley Stadium, Londres, 10 de maio de 1978
Final da Copa dos Campeões
Paisley vs Happel

Argentina vs Holanda 3-1,
Estádio Monumental, Buenos Aires, 25 de junho de 1978
Final da Copa do Mundo de 1978
Menotti vs Happel

---

* Obs.: A Copa dos Campeões passou a se chamar *Champions League* na temporada 1992-1993.

Anderlecht vs Liverpool 3-1,
Stade Emile Versé, Bruxelas, 4 de dezembro de 1978
Liverpool vs Anderlecht 2-1,
Anfield, Liverpool, 19 dezembro de 1978
Final da Supercopa Europeia
Goethals vs Paisley

Hamburgo vs Aberdeen 0-0,
Volksparkstadion, Hamburgo, 22 de novembro de 1983
Aberdeen vs Hamburgo 2-0,
Pittodrie, Aberdeen, 20 de dezembro de 1983
Final da Supercopa Europeia
Ferguson vs Happel

URSS vs Bélgica 4-3
Estádio Nou Camp, León, 15 de junho de 1986
Quartas de final da Copa do Mundo de 1986
Thys vs Lobanovskij

Holanda vs URSS 2-0,
Olympiastadion, Munique, 25 de junho de 1988
Final da Eurocopa de 1988
Michels vs Lobanovskij

Milan vs Nacional Medellín 1-0,
Olímpico, Tokyo, 17 de dezembro de 1989
Final da Copa Intercontinental
Sacchi vs Maturana

Milan vs Olympique de Marselha 1-1,
Stadio Giuseppe Meazza, 6 de março de 1991
Olympique de Marselha vs Milan 1-0 (placar oficial 3-0)
Stade Vélodrome, Marselha, 20 de março de 1991
Quartas de final da Copa dos Campeões
Goethals vs Sacchi

Olympique de Marselha vs Milan 1-0
Olympiastadion, Munique, 26 de maio de 1993
Final da *Champions League*
Goethals vs Capello

Ajax vs Milan 1-0,
Estádio Ernst Happel, Viena, 24 de maio de 1995
Final da *Champions League*
Van Gaal vs Capello

Manchester United vs Bayern Munique 2-1,
Camp Nou, Barcelona, 26 de maio de 1999
Final da *Champions League*
Ferguson vs Hitzfeld

Bayern Munique vs Manchester United 2-1,
Allianz Arena, Munique, 30 de março de 2010
Manchester United vs Bayern Munique 3-2,
Old Trafford, Manchester, 7 de abril de 2010
Quartas de final da *Champions League*
Van Gaal vs Ferguson

Internazionale de Milão vs Bayern Munique 2-0,
Santiago Bernabeu, Madrid, 22 de maio de 2010
Final da *Champions League*
Mourinho vs Van Gaal

Jogos-chave do Barcelona

Barcelona vs Milan 1-1,
Camp Nou, Barcelona, 23 de novembro de 1989
Milan vs Barcelona 1-0, Giuseppe Meazza, Milão, 7 de dezembro de 1989
Final da Supercopa Europeia 1989
Sacchi vs Cruijff

Manchester United vs Barcelona 2-1,
Feijenoord Stadion, Rotterdam, 15 de maio de 1991
Final da Copa das Copas
Ferguson vs Cruijff

Barcelona vs Sampdoria 1-0,
Wembley, Londres, 20 de maio de 1992
Final da Copa dos Campeões
Cruijff vs Boškov

Milan vs Barcelona 4-0,
Olímpico, Atenas, 18 de maio de 1994
Final da *Champions League*
Capello vs Cruijff

Barcelona vs Chelsea 2-1,
Camp Nou, Barcelona, 23 de fevereiro de 2005
Chelsea vs Barcelona 4-2,
Stamford Bridge, Londres, 8 de março de 2005
Oitavas de final da *Champions League*
Mourinho vs Rijkaard

Barcelona vs Arsenal 2-1,
Stade de France, Paris, 17 de maio de 2006
Final da *Champions League*
Rijkaard vs Wenger

Barcelona vs Manchester United 2-0,
Stadio Olimpico, Roma, 27 de maio de 2009
Final da *Champions League*
Guardiola vs Ferguson

Internazionale de Milão vs Barcelona 3-1,
Stadio Giuseppe Meazza, Milão, 20 de abril de 2010
Barcelona vs Internazionale de Milão 1-0,
Camp Nou, Barcelona, 28 de abril de 2010
Semifinal da *Champions League*
Mourinho vs Guardiola

Barcelona vs Real Madrid 5-0,
Camp Nou, Barcelona, 29 de novembro de 2010
Liga, 13ª rodada
Guardiola vs Mourinho

Barcelona vs Real Madrid 0-1,
Mestalla, Valência, 20 de abril de 2011
Final de Copa do Rei
Mourinho vs Guardiola

Real Madrid vs Barcelona 0-2,
Santiago Bernabeu, Madrid, 27 de abril de 2011
Barcelona vs Real Madrid 1-1,
Camp Nou, Barcelona, 3 de maio de 2011
Semifinal da *Champions League*
Guardiola vs Mourinho

Barcelona vs Manchester United 3-1, Wembley, Londres,
28 de maio de 2011,
Final da *Champions League*
Guardiola vs Ferguson

Real Madrid vs Barcelona 0-2, Santiago Bernabeu,
Madrid, 14 de agosto de 2011
Barcelona vs Real Madrid 3-2, Camp Nou, Barcelona, 17
de agosto de 2011
Final da Supercopa Espanhola
Mourinho vs Guardiola

BIBLIOGRAFIA ELABORADA

Por diversas razões, não podemos separar este livro, sobre o Barça e o "futebol total", do seu predecessor, *L'alieno Mourinho* (Isbn Edizioni, 2010). Juntos, os dois livros formam uma "dupla" unida por citações e correspondências internas: um assunto apenas citado num livro está bem detalhado no outro e vice-versa. Além disso, no segundo livro, algumas questões decisivas do primeiro, sejam históricas ou conceituais, foram aprofundadas e em alguns casos até retificadas.

Existe o mesmo tipo de conexão entre as bibliografias: os livros e os estudos apontados em seguida compõem uma biblioteca de referências essenciais junto com as obras citadas em *L'alieno Mourinho*.

Os dois livros enciclopédicos – imprescindíveis para consultas e pesquisas – são de David Goldblatt, *The Ball is Round. A Global History of Soccer*, Riverhead, Nova York, 2006, nova edição (com nova introdução) 2008; e Johnathan Wilson, *Inverting the Pyramid. The History of Football Tactics*, Orion, Londres, 2008, Paperback 2009.

Homenagem à Catalunha

O título do capítulo é uma citação da reportagem/obra-prima de George Orwell, *Homenagem à Catalunha*, tradução de Riccardo Duranti, Oscar Mondadori, Milão, 2007.

Em relação às "dimensões suplementares" da matemática, da física e da literatura: Laurence Krauss, *Atrás do Espelho*, tradução de Sergio Orrao, Codice, Turim 2007; e Michio Kaku, *Física do Impossível*, tradução de Andrea Migliori e Sergio Orrao, Codice, Turim 2008, pp. 244-45.

Para as citações históricas referentes à Espanha e à Catalunha: de Jaime Vicens Vives, *Perfil da História da Espanha*, tradução de Giovanni Turin, Einaudi, Torino 2003.

O vento que vem do futuro

Por causa da natureza contraintuitiva das explicações científicas vejam Lewis Wolpert, *A Natureza Inatural da Ciência*, tradução de Anna Rita Vignati e Livia Lucentini, Dedalo, Bari 1996.

O livro fundamental é de Rinus Michels, *Teambuilding. The Road to Success*, tradução de Jerome e Miriam Hickey, Reedswain Publishing, Spring City 2001, edição original Uitgeverij Eisma, Leeuwarden 2001.

Sobre Jack Reynolds: Simon Kuper, *Ajax, o Time do Gueto*, tradução de Michela Canepari, Isbn Edições, Milão 2005, pp. 112-116. Sobre Vic Buckingham: Jonathan Wilson, pp. 220-21.

Sobre Johan Cruijff vejam principalmente o livro de Frits Barend e Henk van Dorp, *Ajax, Barcelona, Cruijff. The Abc of an Obstinate Maestro*, tradução de David Winner e

Lex van Dam, Bloomsbury, Nova York 1998. Podem ver também um especial sobre ele da revista *Four-Four-Two* de julho de 2009, pp. 48-59.

A melhor contribuição sobre a Masia é do *dossier* de Andreas Jaros, *Das Geheimnis von La Masia*, em *Ran*, janeiro de 2010, pp. 58-63. E, entre outros, vejam também Jorge Sainz, *La Masia: Barcelona's Secret to Soccer Success*, Associated Press, 9 de janeiro de 2011 e Jeré Longman, *The Catalan Way to Grow Players on Home Soil*, no *New York Times*, 26 de janeiro de 2011.

Leste do sol, oeste da lua

O conto de fadas do título encontra-se em Peter Christen Asbjørnsen – Jørgen Moe, *Fiabe Norvegesi*, organizado por Alda Manghi Castagnoli, Einaudi, Torino 1962.

Para as referências sobre Bill Shankly e Bob Paisley vejam principalmente Ivan Ponting, *Liverpool Player by Player*, Hamlyn, Londres 1998. Sobre a essência do futebol holandês e sobre o futebol total: David Winner, *Brilliant Orange. The Neurotic Genious of Dutch Football*, Bloomsbury, Londres 2000, paperback 2001.

Para aproximar-se de Raymond Goethals (com a cooperação de Philippe Henry e Serge Trimpont), *Le Douziéme Homme*, Laffont, Paris 1994.

Para conhecer Happel, o livro fundamental é *Das Große Happel Fußballbuch. Training. Taktik. Tricks* (com Heinz Prüller), Orac, Wien-Munchen-Zurich 1993.

Sobre Victor Maslov: Jonathan Wilson, ob. cit., pp. 154-67.

Sobre Valeri Lobanovskij; mais uma vez, Jonathan Wilson, ob. cit., pp. 158-59 e 235-46; Simon Kuper, *Calcio e Potere*, tradução de Alfonso Vinassa de Regny, Isbn Edizioni, Milão 2008, pp.95-98; e Sandro Modeo, *L'alieno Mourinho*, Isbn Edizioni, Milão 2010, pp. 48-54.

Sobre a trajetória do Spartak Trnava existe uma reportagem de Karel Haring (com entrevistas com os velhos "sobreviventes" do time), *The Miracle of the White Angels*, na revista *Champions*, nº 34, abril-maio de 2009, pp. 56-59.

Numa rede de linhas intersetadas

Sobre a relação entre bactérias e o modelo selecionístico: Edoardo Boncinelli, *Perché non Possiamo non Dirci Darwinisti*, Rizzoli, Milão 2009, pp. 73 e ss. Sobre o selecionismo de anticorpos, uma introdução exemplar é a de Gilberto Corbellini, *L'immunologia Come Scienza Filosofica*, em *Immunologia. La Scienza della Resistenza Naturale*, CUEN, Nápoles 2000, pp. 17-36.

Sobre Arrigo Sacchi e o Milan dele: Sandro Modeo, *Sacchi. La Scienza nel Paese del Melodramma*, em *Dizionario del Calcio Italiano*, organizado por Marco Sappino, Baldini & Castoldi, Milão 2000, vol. I, pp. 851-53. Podem também ler as memórias de Carlo Ancellotti a respeito de Sacchi na própria autobiografia (com Alessandro Alciato): *Preferisco la Coppa*, Rizzoli, Milão 2009.

Sobre a visão de futebol de Johan Cruijff o livro do próprio é imprescindível: *Mi Piace il Calcio, ma non Quello di Oggi*, tradução de Andrea Carlo Cappi, Sonzogno, Milão 2002. Sobre a final da Copa dos Campeões em Wembley 1992 e sobre Guardiola jogador existe um reconstrução detalhada de Andrew Murray, *Hello Wembley!*, em *Champions*, nº 47, junho-julho 2011, pp. 90-93.

Sobre Ronaldo: Sandro Modeo, *Ronaldo. L'alienazione (risarcita) del Cyber-calciatore*, em *Dizionario del Calcio*, ob. cit., pp. 847-48.

Quantum

O título do capítulo é citação de uma densa reconstrução histórico-conceitual de Manjit Kumar, *Quantum*, tradução de Tullio Cannillo, Mondadori, Milão 2010, nova edição no Oscar 2011. Uma excelente introdução da mecânica quântica é a de John Polkinghorne, *La Teoria dei Quanti*, tradução de Andrea Migliori, Codice, Turim 2007.

Sobre o sistema Barça vejam principalmente Óscar P. Cano Moreno, *El Modelo de Juego del FCBarcelona. Una Red de Significado Interpretada desde el Paradigma de la Complejidad*, Moreno y Conde Sports, Tour-Sport Fundación 2009, nova edição 2010.

Sobre Josep Guardiola existe uma interessante entrevista-retrato de Graham Hunter, *The Making of Guardiola*, em *Four-Four-Two*, agosto de 2011, pp. 48-57.

Sobre a fisiologia do futebolista e em particular sobre o metabolismo aeróbico e anaeróbico: Margherita Fronte, *Sport. La Scienza e le Tecnologie dei Campioni*, CUEN, Nápoles 2000, pp. 21-31; e Ken Bray, *Peché l'Italia Vinse ai Rigori con l'Olanda e Beckham Tira Punizioni Imparabili?*, tradução de Giovanni Giri, Sonzogno, Milão 2006, pp 161-166. Para mais informações vejam também Jack H. Wilmore, David L. Costill, *Fisiologia Dell'esercizio Fisico e dello Sport*, organizado por Pasquale Bellotti e Francesco Felici, Calzetti-Mariucci, Roma 2005.

Sobre o relacionamento entre fisiologia, psicologia e atenção sugiro a introdução de Franca Stablum, *L'attenzione*, Carocci, Roma 2008.

Todas as manhãs do mundo

Sobre a Catalunha e a Espanha do pós-franquismo e em particular sobre Barcelona entre a década de 70 e a de 90: Carmelo Adagio, Alfonso Botti, *Storia della Spagna Democratica. Da Franco a Zapatero*, Bruno Mondadori, Milão 2006.

Para rever os ensaios de Roberto Bolaño sobre a Catalunha: *Tra Parentesi*, tradução de Maria Nicola, Adelphi, Milão 2009, pp. 249-254.

O CD com o *villancico* "Si del Pan de Vida" de Joan Pau Pujol é *Musica para el Corpus*, executado pela Grande Chapelle e pela Schola Antiqua, regente Albert Recasens, Lauda Música.

O CD com a trilha sonora do filme de Alain Corneau é *Tous les Matins du Monde*, execução de viola e regência de Jordi Savall, Auvidis/Valois 1991.

The Twilight Zone

Sobre o relacionamento entre o "futebol total" e a América Latina: Jonathan Wilson, ob. cit., em particular sobre Ernesto Sàbato e o apólogo sobre os argentinos (p. 41), sobre Zezé Moreira (pp.118-119) e sobre Osvaldo Zubeldía (pp. 206-209). Sobre o Malandro, João Saldanha, Garrincha e Cláudio Coutinho: Simon Kuper, *Calcio e Potere*, op. cit., pp. 259-269.

Sobre o futuro da Masia e sobre os jovens mais promissores: Simone Gambino, em *Speciale goal.com*, 31 de maio de 2011; Andrew Murray, *Meet the Nou Boys*, em *Champions*, nº 48, agosto-setembro 2011, pp. 50-52.

Para o "futebol total" do próximo milênio a fonte analógica é o clássico de Italo Calvino, *Lezioni Americane. Sei Proposte per il Prossimo Millennio*, Garzanti, Milão 1988, em seguida Mondadori, Milão 1993.

Sobre a metodologia inovadora do treinamento de Mourinho: Sandro Modeo, *L'alieno Mourinho*, op. cit., em particular o capítulo "O atleta neuronal", pp. 45-74.

QUALITYMARK EDITORA

Entre em sintonia com o mundo

QualityPhone:
0800-0263311
Ligação gratuita

Qualitymark Editora
Rua Teixeira Júnior, 441 – São Cristóvão
20921-405 – Rio de Janeiro – RJ
Tels.: (21) 3094-8400/3295-9800
Fax: (21) 3295-9824
www.qualitymark.com.br
e-mail: quality@qualitymark.com.br

Dados Técnicos:

• Formato:	14 x 21 cm
• Mancha:	10 x 17 cm
• Fonte:	Georgia
• Corpo:	11
• Entrelinha:	13,2
• Total de Páginas:	208
• 1ª Edição:	2012
• 1ª Reimpressão:	2014